U0054082

應用社會科學調查研究方法系列叢書 14

# 政策研究方法論

## Methods For Policy Research

Ann Majchrzak 著

謝棟梁 譯

王昭正 校閱

弘智文化事業有限公司

Ann Majchrzak

# METHODS
# FOR
# POLICY RESEARCH

Chinese edition copyright © 2000
By Hurng-Chih Book Co., Ltd..
For sales in Worldwide.

ISBN 957-0453-16-8
Printed in Taiwan, Republic of China

# 政策研究方法－安‧梅齊 克

## 關於本書

　　對於政策研究與分析，梅齊札克提出實用的方法，為政策制定者提供了另類的選擇。書中不僅包含了真實世界的議題，並大量引用具體的實例；文中除詳細的介紹政策研究程序中的每個步驟：包括事前準備、問題確認、概念化、背景環境的考量，以及分析導致社會問題的因素，也勾勒出檢驗政策相關變數的程序，其目的在修正初期所草擬之政策建議，以提昇他們的可行性，並強調向政策制定者傳達政策研究成果之主要價值及其應用的重要性。

　　梅齊札克的作品，將是專業社會科學家及學生的重要參考資料，本書可協助他們藉著改善公共政策之研究結果，以為當今複雜的社會問題尋求解答。

# 書評

「本書爲必備之寶典，因爲它可協助社會學家思索相關研究之設計、執行及報告的方法，以提供政策制定者中肯的建議。」

－－Network

# 前言

　　如何為政策制定引進知識確實為老舊之議題，柏拉圖曾為此提出了巧妙的解決之道：即政策分析及政策制定均由同一人進行。這種方式在以往之城市政體中是否實用，可留待歷史公評。但它卻無法應付複雜的現代社會，因為現代社會中，知識被大量的製造，而政策制定者卻不是知識製造者，即便政策制定者在未進入廟堂之前具備這方面的專長，亦無法獨自面對此種新情勢。

　　一旦我們體認到，這二種社會地位、二種專業，二種精英在工作上的互補性，則安・梅齊札克所處理的那些議題，將是我們所必須去面對的。

　　一個可稱為「藍色遠方」的問題，指的是那些知識製造者所具有的危險，因為他們將會製造自己感興趣且對自己有利的知識。相對的問題是，政策制定者並未注意到他們可直接取得而與決策相關的知識。

　　有了相關的知識以及開明的政策制定者後，溝通設計的問題便隨之產生。什麼方式是最佳的溝通方式，可讓知識製造者將知識傳達給政策制定者呢？萬言鉅著？或是口頭的

簡報，附上書面報告？

　　在知識製造者與政策制定者的互動中，權力在其中所扮演的角色，目前的了解極爲有限，這也是作者一直強調的重點。一份報告如果事先取得內部共識，而由委員會所提出，則其影響力將遠大於由專家小組所提出的相同報告。構想和資料本身並不自己去進行溝通，但這並不意味著他們沒有自己的角色：赤裸的權力也許和有人背書的知識一樣，都非常的脆弱。兩者的組合才是知識和決策間最佳的溝通管道。

　　在未來的幾年中，公私部門雙方面的資源需求會越來越多。因此，必須善加利用稀少的資源。如果安·齊札克的書能有更多的讀者，相信我們會有相當的機會更加富裕。

　　　　　　　　　　　　　　　　　　　　－亞米泰·艾斯歐尼
　　　　　　　　　　　　　　　　　　　　芝加哥華盛頓大學
　　　　　　　　　　　　　　　　　　　　政策研究中心主任

# 序文

　　撰寫本書的目的，是為了協助剛入門的社會科學家（碩士或學士畢業學生），進行研究以尋求社會問題的解決。本書所謂的社會科學家可能來自不同的學域，關心不同的研究領域。他可能是組織行為主義者，期望提昇公共部門社會計畫之效益。他可能是心理學家，致力於減少精神分裂症的發生，可能是一位關心都市衰敗的社會學者，或是專注於改善教學技術的教育研究人員，也可能是研究州政府之最適行政結構的政治科學家。本書之內容既非戒律，亦非研究的領域，而是期望所進行的研究能為決策者所用，以協助解決當今複雜的社會問題。

　　個人從事政策研究多年，本書是由過去的研究成果及經驗中，摘錄出的概念、建議及實例所構成。其內容及組織對於公共政策領域中，致力產生有用研究結果的社會科學家而言，應是值得參考的資料。本書共分六章。

　　第一章：「政策研究的本質」，界定政策研究的意義，並提出成功政策研究的一些關鍵特色。

　　第二章：「政策研究的準備」，描述政策研究的準備活

動，包括政策問題的確認與定義，收集相關資源的資料，以及判斷政策研究是否適當。

第三章:「政策研究的概念化」，為政策研究的概念化供許多建議。這些建議包括：為所選定的問題發展初步的模式、特定研究問題的形成，及選擇適當的研究調查人員。

第四章:「技術分析」，描述社會問題潛在成因的分析。同時，也對變數的操作化，研究方法論的設計，結果與結論的選擇，以及試驗性建議的發展等，提出一些看法。

第五章:「研究建議的分析」，描述檢驗政策相關變數之細步程序，以便修正原始政策建議，提昇政策建議付諸實施之可能性。

第六章:「向政策制定者傳達政策研究」，探討政策研究過程中，溝通的動態性及重要性。作者也針對於建立政策研究者與政策制定者間的有效溝通程序，提出了一些建議。

對於自認本身的知識與經驗，未受政策制定者所用的社會科學家，希望能藉本書這六章來緩和其挫折感。此外，對於一些政策制定者，抱怨缺乏可協助解決實際問題的相關社會科學研究，我也希望能有所回應。

在此，我要感謝許多人，沒有他們的協助，這本著作將無法如願出版。首先，我要感謝亞米泰、艾斯歐尼的大力相助。在本書早期準備之初，他的意見和建議提供了極大的幫助。此外，有關第五章，大部份的概念，都是過去兩年來與亞米泰的交談中，所得到之啓發。其次，感謝潘·多提，他是我的好友也是好同事，她無怨無悔的幫我校閱手稿。除了亞米泰和潘的鼎力協助之外，我也深感自己的責任重大。第

三，我要感謝聯合國人口活動基金會的全力相助，讓我們在向其他人教導政策研究程序時獲得極大的鼓舞。最後，我要感謝我的先生彼德‧耐來克，感謝他一路來的耐心與支持。

　　我僅將此書獻給我的雙親，雪莉以及歐菲德‧梅齊札克。沒有母親的先見之明與指導，我永遠都無力對解決社會問題有所貢獻。沒有我父親的實際觀感，我的努力終將付諸流水。

# 叢書總序

　　美國加州的 Sage 出版公司，對於社會科學研究者，應該都是耳熟能詳的。而對研究方法有興趣的學者，對它出版的兩套叢書，社會科學量化方法應用叢書（ Series: Quantitative Applications in the Social Sciences），以及社會科學方法應用叢書（Applied Social Research Methods Series），都不會陌生。前者比較著重的是各種統計方法的引介，而後者則以不同類別的研究方法為介紹的重點。叢書中的每一單冊，大約都在一百頁上下。導論的課程之後，想再對研究方法或統計分析進一步鑽研的話，這兩套叢書，都是入手的好材料。二者都出版了六十餘和四十餘種，說明了它們存在的價值和受到歡迎的程度。

　　弘智文化事業有限公司與 Sage 出版公司洽商，取得了社會科學方法應用叢書的版權許可，有選擇並有系統的規劃翻譯書中的部分，以饗國內學界，是相當有意義的。而中央研究院調查研究工作室也很榮幸與弘智公司合作，在國立編譯館的贊助支持下，進行這套叢書的翻譯工作。

　　一般人日常最容易接觸到的社會研究方法，可能是問卷

調查。有時候，可能是一位訪員登門拜訪，希望您回答就一份蠻長的問卷；有時候則在路上被人攔下，請您就一份簡單的問卷回答其中的問題；有時則是一份問卷寄到府上，請您填完寄回；而目前更經常的是，一通電話到您府上，希望您撥出一點時間回答幾個問題。問卷調查極可能是運用最廣泛的研究方法，就有上述不同的方式的運用，而由於研究經費與目的的考量上，各方法都各具優劣之處，同時在問卷題目的設計，在訪問工作的執行，以及在抽樣上和分析上，都顯現各自應該注意的重點。這套叢書對問卷的設計和各種問卷訪問方法，都有專書討論。

問卷調查，固然是社會科學研究者快速取得大量資料最有效且最便利的方法，同時可以從這種資料，對社會現象進行整體的推估。但是問卷的問題與答案都是預先設定的，因著成本和時間的考慮，只能放進有限的問題，個別差異大的現象也不容易設計成標準化的問題，於是問卷調查對社會現象的剖析，並非無往不利。而其他各類的方法，都可能提供問卷調查所不能提供的訊息，有的社會學研究者，更偏好採用參與觀察、深度訪談、民族誌研究、焦點團體以及個案研究等。

再者，不同的社會情境，不論是家庭、醫療組織或制度、教育機構或是社區，在社會科學方法的運用上，社會科學研究者可能都有特別的因應方法與態度。另外，對各種社會方法的運用，在分析上、在研究的倫理上以及在與既有理論或文獻的結合上，都有著共同的問題。此一叢書對這些特定的方法，特定的情境，以及共通的課題，都提供專書討論。在

目前全世界，有關研究方法，涵蓋面如此全面而有系統的叢書，可能僅此一家。

　　弘智文化事業公司的李茂興先生與長期關注翻譯事業的余伯泉先生（任職於中央研究院民族學研究所），見於此套叢者對國內社會科學界一定有所助益，也想到可以與成立才四年的中央研究院調查研究工作室合作推動這翻譯計畫，便與工作室的第一任主任瞿海源教授討論，隨而與我們兩人洽商，當時我們分別擔任調查研究工作室的主任與副主任。大家都認為這是值得進行的工作，尤其台灣目前社會科學研究方法的專業人才十分有限，國內學者合作撰述一系列方法上的專書，尚未到時候，引進這類國外出版有年的叢書，應可因應這方面的需求。

　　中央研究院調查研究工作室立的目標有三，第一是協助中研院同仁進行調查訪問的工作，第二是蒐集、整理國內問卷調查的原始資料，建立完整的電腦檔案，公開釋出讓學術界做用，第三進行研究方法的研究。由於參與這套叢書的翻譯，應有助於調查研究工作室在調查實務上的推動以及方法上的研究，於是向國立編譯館提出與弘智文化事業公司的翻譯合作案，並與李茂興先生共同邀約中央研究內外的學者參與，計畫三年內翻譯十八小書。目前第一期的六冊已經完成，其餘各冊亦已邀約適當學者進行中。

　　推動這工作的過程中，我們十分感謝瞿海源教授與余伯泉教授的發起與協助，國立編譯館的支持以及弘智公司與李茂興先生的密切合作。當然更感謝在百忙中仍願抽空參與此項工作的學界同仁。目前齊力已轉往南華管理學院教育社會

學研究所服務，但我們仍會共同關注此一叢書的推展。


章英華・齊力
于中央研究院
調查研究工作室
1998 年 8 月

# 目錄

# 1

# 政策研究的本質

　　本章所闡述的主要內容包括：政策研究的定義、
探討政策研究的系絡、政策研究的類型，以及政策
研究的特性。將一一做深入的介紹。


　　你是否曾經想到過，運用你在學術研究上的訓練來協助
當今的世界領袖，以解決現實世界中的問題呢？接下來的文
章中，我們所要介紹的是一套研究程序。此程序稱為「政策
研究」，主要的目的為提供政策制定者，在解決當今世人所
面臨的各式難題時，所需的選擇與資訊。
　　在介紹政策研究的同時，我們也勾勒出一系列的活動，
從研究人員為研究工作進行準備，到最後提出簡報與建議等
活動。雖然這些特定的步驟可供初級政策研究人員遵循，但
也不可受這一系列瑣碎的活動所迷惑！政策研究絕非只是

遵循一組活動而已。Peter Rossi 及其同事便提出了下列的看法：

「政策研究」是科學、技能知識以及藝術的混合體。其中，科學是理論、概念、以及方法論原則的主體；技能知識則為一組可用的技術、經驗法則、以及標準作業程序；而藝術指的是一個人的工作步調、風格以及態度。（Rossi, Wrrght & Wright, 1978, p.173）

此一複合體所隱含的意義是，「政策研究一如學習知識，其可資利用的方法絕非只有一種。」（Wildavsky, 1979, p.281）。在政策研究的名義下，所進行的活動，不只會隨著所處理的問題而不同，也會因研究人員的風格、創造力、以及判斷力等而改變。因此，本書儘量提供一些原則性的指引：即對於「科學」的部分詳加說明，以便對技能知識提出建議，而對藝術的部分只提出一些提示。讀者則需思考如何調整政策研究的程序，以便與其自身的人格相互契合。

在說明執行政策研究的一系列活動之前，對於政策研究的本質有進一步的了解將會有所助益。本章所闡述的主要內容，包括政策研究的定義、探討政策研究的系絡、政策研究的類型、以及政策研究的特性。有了這些基礎之後，即可準備學習從事政策研究所涉及步驟。

## 政策研究的定義

以下的家庭計畫文件，便是政策研究的一個實例。

為了呼應卡特政府強烈反對墮胎之主張，同時尋求其他的權宜之計。「國家家庭計畫公會」、「人口零成長組織」，以及「全美計劃性親子關係聯盟」等單位，聯合贊助了一項政策研究，此研究係為國會的政策決策者而設計，針對一九七七年美國的家庭計畫狀況進行研究（Planned Parenthood,1977）。研究結果所產生的文件不僅描述了目前家庭計畫的狀況，同時也提出詳細的立法建議，以處理美國境內非自願受孕問題。由於相關文件具有政策適切性，加上贊助團體的有效遊說下，人類繁殖方案第 11007 條—「一九七八年的普及性家庭計畫服務、人口繁殖研究，以及防止未成年少女非自願懷孕」—的法條與法案，終於進入眾議院待審。

就一份政策研報告而言，這份文件已提出一些與決策者相關的發現。因此，政策研究乃定義為：對基本社會問題進行研究或分析的程序，以提供政策制定者務實而具行動導向的建議，以緩和所面對的問題。換言之，政策研究的推動皆基於特定的社會問題，諸如營養不良、貧窮或通貨膨脹等問題，透過研究程序的進行，發展出政策行動方案，以減輕問題，並將這些方案傳達給政策制定者。

雖然研究程序有不同的類型，對於解決社會問題也有不同的效果（例如應用或基礎研究），但是，政策研究之特點在於對基本的社會問題提出行動導向的建議。圖 1.1 為不同

類型之研究程序。

研究重點

| | | 技術性 | 基礎性 |
|---|---|---|---|
| 行動導向 | 低 | 政策分析 | 基礎研究<br>政策分析 |
| | 高 | 技術研究 | 政策研究 |

圖 1.1　研究程序影響社會問題

　　此圖表呈現出可能影響社會問題的四種研究程序類型。這幾種類型分別爲**基礎研究、技術研究、政策分析、以及政策研究**。此處所指的基礎社會研究( basic social research )爲傳統的學術研究，通常由大學相關科系所進行。基礎研究的典型例子爲：Asch 對團體內從眾行爲及共識的研究。**技術社會研究**（ technical social research ）則是爲解決非常特殊、精細定義的問題，所提出的專案，例如，核能電廠的適當規模大小，或是社會服務計畫之最適責任系統。質疑發電廠是否應建立，社會服務基金應如何分配等問題，則不在技術研究討論之列。第三類型的研究程序：**政策分析**（ policy analysis ），爲對政策制定程序的研究。政策分析通常由政治科學家所執行，他們所關心的是政策被採納的過程以及政策被採納後所

產生的效果。

　　在圖 1.1 中，四種研究程序分別按*行動導向*與研究重點而分類。其中具有高度行動導向的研究程序，對於研究成果的立即效用，比低行動導向的研究程序更為關切。此外，研究程序的研究重點可能在於技術問題或者基礎問題（例如對高齡者的照顧），其中後者所嘗試解決的是範圍廣而多面向的研究問題，這類問題對廣大的群眾會產生不同的影響。

　　根據圖 1.1 的分類架構，政策研究（policy research）具有高度行動導向，以及較關心基本社會問題。政策研究、基礎研究和政策分析三者頗為類似，三者所處理的均為基本社會問題。此外，政策研究也與技術研究類似，因為二者都具有高度的行動導向。但在這四種類型之中，政策研究是唯一同時具備行動導向及基本問題導向的類型。這種導向表示，為提供決策者有用的建議，解決基本問題的所有可能行動都經過詳細的評論。如此，只有最妥適的行動方案才會被推薦。

　　以下簡單的說明有關政策研究的最後一項比較。在某些場合中，政策研究被視同為**評估研究**（evaluation research）。但是，切勿將兩者混淆。其實，兩種研究程序均關心社會計畫，但是，評估研究較傾向於判斷現有社會計畫的效用。而政策研究，除了對特定社會問題加以調查之外，並尋求解決問題的替選方案。

　　總之，政策研究透過對基本社會問題的研究，以期提出務實行動的方案，而改善這些基本社會問題。而其他類型的研究程序則未有如同政策研究程序之研究重點與行動導向。

# 政策研究的背景

欲完成有效的政策研究,除了需要對特定主題具備實質知識,以及熟悉不同方法論和分析工具的應用之外。為了提出有用且可執行的建議,研究程序會迫使我們去了解接收政策研究結果的政治圈。本節將就政治圈之相關事項作一簡單的介紹。讀者若想更進一步的探討美國境內的政策制定程序,請參閱德羅爾(Dror, 1969),代伊(Dye, 1978),瓊斯(Joneo, 1970),英格雷姆與曼尼(Ingram & Mann, 1980),尼曼與洛威(Neiman & Lovell, 1981),以及沃爾(Woll, 1974)的著作。

在政治圈中與政策研究相關的第一件事為,研究的發現只不過是政策制定的影響因素之一而已。其他的影響因素還有,選民的觀點與希望、推荐函、同事及上司間的妥協、幕僚的意見、既存的政策以及預設的態度。再者,由於立法者認為,他們身為政策制定者,其天職即在創造和諧與妥協,因此,真理『未必』能創造美好(Brandl, 1980, p.42)。易言之,一旦選民的希望和研究的建議直接牴觸時,研究的建議通常不被採用。最後,由於存在眾多不同的利益,無法全部加以滿足,因此政策制定者必須將這些不同的利益排列出優先次序。因此,政策研究人員必須能為政策制定者指出所建議之行動方案優於其他方案之原因,以讓他們了解政策研究的成果。

在政治圈中與政策研究相關的第二件事為,政策並非製

造出來的,而是累積出來的。通常,政策制定者所處理的社會問題,大都是複雜、難以捉摸且不易解決的問題。因此,他們只能以一連串的連續性近似方案來改善社會問題,在此過程中政策不斷的被提出、執行、評估、以及修正。此一過程顯示出,政策研究必須能夠提出實證的證據,以支持這一連串的連續性近似方案。透過對此程序的支持,政策研究人員以及政策制定者才能明瞭:社會科學無法提出社會問題的萬靈丹;他們能提供的只是一些珍貴的資訊,也許有朝一日可協助防止某些社會問題的發生。

政治圈中最後一件與政策研究相關的事為,制定政策的過程其複雜性一如社會問題本身。此程序之所以複雜,主要是因為它涉及了各種不同的人員,他們分別在不同的政策制定層級上運作,且巧妙的玩弄各種不同的政策機制,以發揮其有意或無意的影響力。例如,欲以有效的法治改革來保護環境,所涉及的不只是國會、選民、行政部門、以及草擬法案的產業而已,也涉及環境保護機關的幕僚,以及日後必須執行此項法規的公民。此外,究竟此項法令是象徵性法令,或是必須強制遵守的法令,將嚴重影響新政策的效力。可見,對於特定問題(包括人員與政策機制)的政策制定程序,若無概括性的了解,則政策研究人員將無法提供決策者有用的資訊。

總之,在從事政策研究的背景中,包括相互競爭的影響因素、複雜的問題、以及似無邏輯可循的決策風格。在此種背景下,政策研究似乎是不可行的。但是,如果能對這種背景有正確的判斷,並適當的加以執行,則政策研究便可提供

政策制定者有用的資訊，協助他們面對因難的決策。

## 政策研究的類型

　　就在過去短短的十年中，政策研究已獲得廣泛的討論，並被視為一種提供政策制定者相關資訊的方法。雖然政策研究出現的時間並不長，但其所引起的注意卻是不容忽視的。從一九七〇年代，迅速成長的政策研究組織、機構、期刊、以及訓練課程等，即為最佳見證。這種迅速成長的現象，目前已建趨穩定，讓我們有時間去思考諸如倫理及規範等重要議題。

　　或許由於它的迅速成長，或因為所研究的對象具有複雜的本質，政策研究所指的並非獨特的一種活動。事實上政策研究的成果，會受到許多因素的影響，這些因素包括：政策研究經費贊助者是否為研究成果的使用者；政策研究者對於問題定義的深入程度；進行政策研究時所處的組識背景；以及政策研究人員的學術背景等。由於這些不同的因素，對於政策研究的進行方式，會有重大的影響，因此值得加以探討。

　　**研究經費的贊助者是否為研究成果的使用者會影響政策研究**。政策研究經費的贊助有許多不同的來源，例如政府機構（如勞工部），利益團體或選民（如一般事業），或是私立的慈善機構（如福特基金會）。就某些研究而言，例如由基金會所贊助的政策研究，其贊助單位也許不會因為本身之

目的，而直接利用研究的結果。在這種情況下，政策研究人員可以對解決社會問題所作的工作進行研究和批評，而無須擔心自己的批評會造成負面影響。採取此種模式的政策研究人員，通常多為大學的成員，較少為屬獨立研究機構或顧問公司的成員。由於贊助者不是研究成果的使用者，因此，採取這種模式的研究人員，需自行尋找其研究建議的聽眾。因此研究人員需承擔找不到使用者的風險，而導致他們的研究不具影響力。

相對於由「非使用者」贊助的研究，政策研究也可以由有意使用研究結果的組織來贊助。在此情況下，由於贊助者本身就是研究成果的使用者，因此贊助者介入研究程序的程度便較前一種模式為高。但是，這類型的政策研究人員，可能無法像前一種類型的政策研究人員一樣，擁有較大的批評自由，因為研究的結果有既定的觀眾。因此，贊助者是否亦為研究成果的使用者，對於整個政策研究程程序會有重大的影響。

**研究重點在於定義問題或者解答問題，會影響政策研究。**雖然政策研究是在為社會問題探尋政策性的解決方案，但是，並非所有的社會問題都能有精確或適當的定義，而足以讓我們去尋求其肇因及解決方案。對於定義不明確的問題，或許應將政策研究的重點置於問題的定義上，而非問題的解決方案上。針對問題定義而做的政策研究，韋斯（Weiss, 1977）將其描述為社會研究的「啟蒙作用」（enlightenment function）。

James Coleman （1975）對教育機會均等的研究，即是

為了對問題加以定義，而進行的政策研究實例。Coleman 注意到他的研究之主要貢獻為，協助政策制定者對教育不均等加以定義。以往，對教育不均等的定義，完全依據投入教育體系中的資源數量而定。Coleman 的研究有助於將原先對於投入的注意與理解，轉移至資源在學童身上所產生的效果不均等。一旦人們的觀念扭轉之後，便可去探討有關教育不均等的原因及其解決之道的相關問題。因此，許多政策研究實際上或許主要著重於讓政策制定者了解社會問題上。藉此，以使其肇因與各種解決方案更加清楚。

**組織環境會影響政策研究**。政策研究可能在各種不同的組織環境中進行。這些組織有可能就附屬在基金贊助單位之內，例如為進行規劃、評估、政策分析、研究、發展而設置的辦公室。進行研究的組織也可能設於贊助單位之外，如非營利性的智庫，或營利性質的研究承包公司、顧問公司或大學。雖然，有關組織環境如何對政策研的究發現及其使用率產生影響，並不十分清楚（Meltsner, 1976；Siegel & Doty, 1978；Weiss, 1978），但是組織環境對於研究程序本身，確實會有所影響。組織內部所進行的研究，通常，較易受官僚體系對於社會問題的假設與觀點所限制。相對的，外部的研究人員則具有較多的批評自由。此外，對於實施建議方案時的政治面及組織面限制，內部研究人員可能會比外部研究人員有更深入的了解。

**研究人員的學術背景會影響政策研究**。政策研究人員來自不同學術背景，包括心理學、社會學、法律、政治科學、人類學、經濟學、以及公共行政學等。研究人員從事社會問

題研究時，所採用的方法也隨各種學術訓練而異，因此，政策研究成果，往往會在所採用的方法及基本假設上，反應出研究人員的學術訓練。

例如，經濟學家本來在研究開發中國家高生育率的問題時，大都只專注於生育率與經濟發展間的關係。因此，主要的主張為，隨著國家經濟穩定性的提昇，其生育率會下降。相對的，健保研究人員則主張，生育率為一般人民可用醫療設施的函數。最後，心理學家和社會學家們，則著關心激勵個人降低生育率的環境、個人內在及人際因素上。顯然，對於人口的研究增加後，人們便會更進一步的了解到沒有任何一個觀點是充分的。所有的學科均有偏見存在。因此，在進行政策研究時，研究人員應該體認到，他們的學術背景在某種程度上，會影響他們所考慮到的變數及所提出的模式。

總之，政策研究涉及各種不同的活動。這些不同的活動能結合在一起的原因是，他們均致力於協助政策制定者解決社會問題。

## 政策研究的特性

雖然政策研究成果會因許多因素而有所不同，但是政策研究程序具有某些特性，使其有別於其他類型之研究。這些特性為，政策研究

—具有多構面的焦點；
—採取實證歸納（empirico-inductive）的研究導向；
—同時包含未來與過去；
—會研究成果的使用者加以回應；而且
—明顯納入價值判斷。

這些特性將一一分述如下：

　　**政策研究是多構面的**。公共政策通常企圖去解決複雜的社會問題，這些問題是由許多的構面、因素、肇因以及結果所構成。例如，在研究遷居的問題時，可根據種族不平等、工業成長、或都市／農村的散佈等，與遷居間的關係來進行研究。也可將個人偏好、基礎建設的適當性、或財務狀況等對於遷居的影響進行研究。最後，還可將個人態度、經濟成長、以及犯罪等對遷居的影響進行研究。雖然，期望在政策研究中將所有的因素都納入，是不合邏輯的想法；但是，希望這些因素都能被找出，並思考他們對特定因素所造成的影響，則是合理的期待。若要為複雜的社會問題提出解決方案，則相關之政策研究必須就問題的整體多構面特性加以探討。

　　**政策研究採取實證歸納法**。政策研究因社會問題而起，且意圖以實證方式，歸納出觀念以及因果理論。既以實證歸納法為名，它與傳統科學的假說檢定截然不同。在假說檢定法中，對於社會現象的研究，主要是為了去檢定特定的理論，這在政策研究中並沒什麼地位。這種方法，雖可促進科

學探索的完整性,但是對於多構面的問題,採取單一觀點的做法,所導致的潛在漏失及對資訊的錯誤認知,對政策研究人員而言風險及代價過高。因此,政策研究人員不宜以預設的因果理論,來處理社會問題。相反的,研究人員應該採用反覆性的程序,讓資訊及模式的建立得以不斷的交替發生;此種類型的研究方法爲稱爲「培基理論」研究法(grounded theory)(Glaser & Straves,1967)。

政策研究專注於可塑變數。爲了讓政策研究產生具有行動導向,並且可執行的建議,研究的焦點應置於該社會問題的相關面向中,受外界影響和干擾者(即,可塑變數)。譬如,研究遷居時,傾向將焦點置於立即定居或家庭決意搬遷的因素上。但正如 Rossi 與 Shlay(1982)所指出,這種研究對政策制定者而言用途不大,因爲立即定居較屬個人因素,且實際上不爲政策層所影響。因此,Rossi 與 Shlay 建議將研究的注意力轉移至較可塑的變數(malleable variables)上,例如,若決定搬遷時,有關吸引家庭居住的地點,所形成的結構之描述。將焦點置於這類可塑變數的研究,較可能產生有用且可執行的建議。

政策研究對研究結果之使用者應有所回應。政策研究的一項重要特性是,辨識研究結果的使用者,並將其置於政策研究程序的首要步驟之一。使用者也許爲數眾多,並各具不同的期望、待辦事項、價值觀、假設以及需求。對於這些需求及認知可能互相衝突有所了解後,政策研究人員仍應儘可能的對使用者加以回應。很明顯的,某些需求較易滿足,而有些需求則較難以滿足。例如,如果一些國會的附設委員

會，在立法過程中，可能受惠於某政策研究人員進行中的研究，其期中報告所提出的初步建議，通常可用於滿足這種需求。但是，其他的需求可能就沒這麼容易解決。例如，當研究結果的使用者（研究經費贊助單位）在強勢運作下，要獨自使用研究成果，而不願與其他使用者分享時。這些情形雖然不易解決，但是，我們將在第二章中提出一些對應之道。

政策研究明顯的具有價值判斷。政策研究為一含有價值判斷的程序，在此程序中，許多與研究相關的決策是由許多價值觀，甚至有某些是相互衝突的價值觀所操縱。研究成果使用者的價值觀也將參與下列過程，包括社會問題的界定、研究問題的形成、從研究發現中發展出建議，以及將結果傳播給特定的聽眾。例如，在研究影響高齡者的相關議題時，價值觀便會進入一些基本問題中。如，高齡者該如何自力更生？照顧高齡者應該是政府或是家庭的責任，家人或是個人的責任呢？社會對高齡者的照顧，其可被接受的最低標準在那裏？（請參閱 Tropman & Mc Clure,1980，探討價值觀在社會政策研究中，所佔的地位）

除了這些價值判斷外，社會大眾所遵循的規範性價值觀，也會在為減輕社會問題所進行的研究中，影響研究設計及特定行動方案之提出。最後，研究員的價值觀也會影響整個研究程序，從研究方法的選擇，到結論與建議的提出，無一不受影響。因此，從政策研究程序一開始，便需對各種價值觀及其改變研究程序的方式清楚的加以了解。

一如政策研究特性所指出的，政策研究是一份具挑戰性的工作。研究人員對於多構面的社會問題，必須能考慮到所

有的面向，找出最具可塑性的變數，並對其保持專注，不強加預設理論於社會問題的研究上，深思過去和未來的趨勢對現況之影響，並於研究程序中融入各種的價值觀，對於研究結果之使用者的各種需求加以回應，即便這些需求間可能會互相衝突。正式這些因素，使當今的政策研究，很少能按其所應循的方向去執行。一般而言，目前的政策研究只考慮到為數不多的一組變數，焦點也大都著力於現況，而忽略了過去與未來的趨勢，此外，也無法兼顧各種價值觀所扮演的角色。再者，成功的政策研究，不但要有一位經驗豐富的政策研究人員，而且要有開明又周到的政策制定者，以及政策制定的環境。可見，真正具有效的政策研究其實是很難達成的。

## 政策研究程序

政策研究程序包含五項主要活動：
1. 準備（第二章）
2. 概念化（第三章）
3. 技術分析（第四章）
4. 建議分析（第五章）
5. 溝通（第六章）

政策研究若要成功，則這五個步驟缺一不可。有關社會問題以及社會政治環境預備性資訊，必須加以收集；社會問

題和研究問題必須概念化；分析的方法必須加以設計和執行；所提之建議應分析其可行性，若有必要，應加以修正；最後，研究的結果須適當的進行溝通。缺少其中任一項活動，則此政策研究人員會承擔一種風險，即產生沒用的研究結果。

　　雖然，這五個步驟都是政策研究所不可或缺，但是，每個步驟執行的程度，會隨研究所受到的限制而改變。準備的步驟，也許會與概念化的步驟結合而同時進行，而建議分析則可能只用幾通電話和討論即可。再者，由於政策研究者的專業角色不同，某些步驟和活動可能會比其他的步驟和活動更與其相關。例如，顧問人員可能會著力於第一、二、以及第四步驟（準備、概念化、以及建議），然而，承包資訊收集的社會科學家，則可能致力於第三步驟（技術分析）。儘管有這些可能的差異，研究人員也必須清楚的了解，應該採取那些活動，以完成完整的研究成果。如此研究人員便能完全的了解，執行小型研究應有之取捨，以簡化研究。有了這些體認後，再介紹研究程序，透過此一程序你可能對減輕社會問題有所貢獻。

# 練習

1. 身為政策研究人員，假設你關心：**孤獨**，此一社會問題
   —意即，有很多人是個人單獨的在過日子。如果你是大
   學中的一位傳統基礎研究人員，你要如何來研究此一社
   會問題？你的第一步、第二步、……要如何做？你會如
   何來處理所得到的研究成果？（提示：身為一位基礎研
   究人員，你從某一理論開始……）而如果你是一位政策
   研究人員，你又如何來研究孤獨的問題？這方法又與基
   本研究方法有何不同？

2. 假設你是大學政策制定委員會的一員，目前正要決定是
   否要為學生們建造一棟新宿舍。這個決策的政策背景可
   能會是什麼呢？意即，你希望委員會擁有何種類型的資
   訊來做決定；你覺得誰應該參與決策；而參與其中不同
   身份的人將各有何得失呢？

3. 身為一位政策研究者，你決定研究第三世界國家中，共
   產主義的威脅。如果你是位政治科學家，你會關注那些
   議題？如果你是位心理學家，你會關注那些議題？請比
   較與對照這兩種方法。

# 2

# 政策研究的準備

　　本章探討研究準備的各項工作，包括各類準備資
訊之收集，資訊收集的方法論，以及進行政策研究
的相關決策問題。

　　政策研究程序不只是去設計和執行，某種運用適當技術
的方法論計畫，或是資料分析而已。在研究程序中，有些極
爲重要的工作，是在設計技術性方法或資料分析之前發生
的。而這些工作的重點在於爲政策研究進行準備和概念化。
　　準備工作主要是在對一些議題包括：特定社會問題目前
及過去的政策制定背景、在目前的社會政治環境下可行的研
究建議類型、以及對社會問題進行有效的研究所需的資源
等，進行資訊的收集。除此之外，在這些準備工作中，政策
研究人員也收集到充足的資料，以決定政策研究是否要進

行。

　　一旦對社會問題有了初步的認識，同時也決定進行政策研究之後，其後續工作便是著手將研究予以概念化。要將研究概念化，需以準備資訊（preparatory information）來發展社會問題的初步模式、列出特定的研究問題，以及挑選出適當的研究調查人員。

　　本書所強調的準備工作以及概念化工作，是指政策研究人員必須根據當前社會及政治情況，對其研究加以定位。上述準備工作會提供這些情況的相關資訊，而概念化工作則利用這些資料來將研究定位。因此，準備以及概念化這兩項初步的工作，可說是政策研究程序中非常重要的步驟。本章將探討：研究的準備工作所包含的各項活動。包括各類型準備資訊之收集，資訊收集的方法論，以及決定是否進行政策研究的相關問題。而第三章將說明運用準備資訊將研究概念化的方法。


## 資料調查的重點


　　為政策研究進行準備是指，若要產生有用的建議，則政策研究人員須取得充足的知識，以決定政策研究程序應遵循的方向。由於政策研究受現有環境的影響極大，因此，對於環境的了解十分必要，唯有如此，研究才會成功。尤其是，四項與環境相關的問題，是研究員開始進行政策研究前所必

須了解的。這四個問題如下:

- 社會問題的政策制定背景,
- 社會問題的定義範圍以及對社會問題所持的價值觀,
- 對於問題的各種可行建議,
- 進行研究所須的以及可取得的資源。

只有在研究人員對這些問題有了基本的了解之後,才能確定,對於該社會問題所要進行的政策研究是否適當。

**社會問題的政策制定背景。**必須加以了解的政策制定背景,主要有四個面向。第一個面向為,與社會問題相關的主要政策問題—過去、目前、以及對未來的推測—都須加以確認。例如,適當照顧高齡者的社會問題,便包括好幾個政治問題。包括,健康醫療資金之籌措、療養院的品質、適當的社會福利津貼、輔助性住宅安置(例如,以租稅優惠鼓勵將房子出租給家庭成員),減少年齡歧視的現象,機關雇員的可接受年齡,為照顧無家可歸的高齡者而設計的社會方案,以及確保對高齡殘障者妥善照顧的方法。確認了這些政策問題之後,研究人員才能對特定社會問題的多重構面有所了解,同時,也了解政策制定者過去對社會問題所關注的特定面向。誠如,路易斯(Lewis Dexter, 1970, p.260)在其對立法程序的研究中發現「立法決策程序中最重要的部份是,決定哪一項決策(即問題)需加以考慮。」

政策制定背景中第二個應了解的面向為，已確認的政策問題之政策決定程序。政策制定程序所包含的元素，如傳遞政策問題相關資訊的溝通管道（例如，垂直管道或平行管道）；政策問題必須通過之重要關卡與決策點（例如，眾議院方法與資源委員會），以及用於與政策問題結合的政策機制。

　　政策機制是指政策制定者用來達成政策目標的工具或手段。這些工具為數眾多。例如，表 2.1 顯示一位政策研究人員所發展出來的一份政策機制表列（約瑟夫‧柯提斯，國會科技評估辦公室主任助理）。如表中所示，這些工具可分成六種類型。第一種類型為有關*傳播*的機制。使用這種類型意味著，社會問題可透過交換與問題相關的資訊，而得以緩和。第二種類型為**財務誘因或財務抑因**（incentives and disincentives）（如，稅金，補助金）。如果認為金錢可為減輕社會問題而提供激勵的力量時，此一類型的機制便可派上用場。

　　第三種機制類型包含**規範性以及控制性手段**。這些機制企圖透過限制個人或組織，可執行活動的範圍，以減輕社會問題。例如，美國的環境保護機關訂定攜帶水的最低安全標準（一九九七年安全飲水法案），便成為一種規範性的機制。

　　第四種機制為政策行動的實施。當行動被認為是減輕社會問題的建設性方法時，這個機制便會派上用場。例如，除了規定乾淨飲用水的最低標準之外，政策研究人員尚可提出建造污水處理設施的建議，以達水質乾淨之目的。

　　第五種機制為「**象徵性優先次序設定**」（Nieman &

Lovell,1981），或是表 2.1 中「與政策相關的」機制類型。優先次序設定機制，包括單純的指出所面對的問題，是值得更加注意的重要問題等類似建議。優先次序設定機制也可能被用於延緩決策或做出一個「非決策」，而此機制有時對問題會產生戲劇性的衝擊。例如，在國會中討論，是否要為美國產業的復興建立一套「產業政策」。這是高度政治性的決策。如果在國會中決定，將建立產業政策列為優先事項時，將會向一般大眾傳達兩種訊息。此兩項訊息如下：（a）美國產業需要復興，以及（b）復興產業的最佳方法便是訂定一個家政策，向企業闡明產業內及跨產業的市場。此兩項訊息，對於美國經濟體系中的消費者以及企業而言，均極端重要。

最後一項機制，未在 2.1 表中列出，則是*研究與發展*。如同優先次序設定的機制，研究與發展可以是一種「拖延戰術」。但是，有時候，建議研究與發展，也會以一種比其他機制更令人易接受的方式，建立優先次序與方向。例如，國會願意接受研究發展（R&D）基金撥款，以研究存放洲際飛彈的方法。而卻不願意為洲際飛彈或其裝設而公開背書。借由研究發展基金撥款的方式，可持續強化防衛系統，同時國會議員們也不會在支持他們的選民面前呈現鷹派的形象。

表 2.1　政策機制

I.相關資訊

　　產生資訊的方式

　　　　資料收集（如；人口普查）

　　　　論證

　　　　評估

　　　　科技評估

　　　　政府（如；國會）公聽會

　　　　監督

　　　　研究發展

　　　　　　（a）社會成本

　　　　　　（b）公共政策備選方案

　　　　　　（c）系統

　　　　　　（d）科技

　　　　　　（e）基礎科學

　　　　　　（f）介入式實驗

　　資訊的包裝

　　　　作為課程（as curriculum）

　　　　顯示贊成和反對的理由

　　散播資訊的方式

　　　　報告（reports）

　　　　專題研討（seminars）

　　　　擴大方案（extension programs）

　　　　商品展售會（trade fairs）

　　　　研討會（conferences），座談會（symposia）

　　　　州技術服務

　　刺激興趣

　　　　提供論壇（forum）

　　　　教育

　　　　文宣（publicity）

宣傳（propaganda）
恐懼和威脅
保留資訊（withhold information）
提出模型法案

II.財務措施

稅
加值稅
牌照稅或所得稅
公司或個人稅
稅之沖銷或補貼
備抵折舊或折耗
補助金
合約
貸款
創新或發明的獎金
誘因（如；配合基金、獎學金、貸款、補助金）
指定用途基金（earmarking fund），設立上下限
保險放款、收成、投資等
損失補償
承銷
設定資金優先次序
分配資金

III.規範性和控制性措施

管制/解除管制
立法
設定標準
資格認證
執照
法規
政府控制或壟斷

轉讓權（grant rights）

成立州際合約

法院判決、強制令

停止和終止命令

獨占特權

視察要求

罰款和懲罰性賠償金

登記和強制提出報告

稽核

刑事獎懲與民事獎懲互換

制度化（institutionalize）

配給供應（rationing）

限額（quotas）

限制負債

進口

出口

版權

專利

禁令（prohibitions）

褫奪權力之判決（Ban）

要求保證書

分區（zone）

徵用權（eminent domain）

宣告戒嚴令

IV.操作

建立文職工作

建立設施（如；藥物處理中心）

操作設施（如；交通控制系統）

由政府採購來建立或支援一產業基礎

示範

V.政策相關功能
  設定政策
  決定優先次序
  設定目標
  延遲決策
  協調業務

---

　　說明了政策制定者有哪些可用的政策機制後（若欲更進一步探討政策機制，請參考 Lowi,1964；Salisliury & Heinz,1968；或 Wade,1972），了解何種機制適於何種政策問題，是非常重要的一件事。例如，有關人民使用安全帶的政策問題，便說明了某些政策機制的選擇性適用情形。強制開車時要自動繫安全帶否則視未繫安全帶為犯法的法規，是剛開始獲得支持的機制。而過去，那些獲得廣大人民支持的政策機制，則包括為鼓勵司機及員工肇事率高的公司推廣「繫安全帶」運動，而給予財務誘因的規定，以及被動性限制之採用等（APA Monitor, 1982）。對於選擇適當政策機制的建議，我們將於第三章中做深入探討。

　　政策制定背景中需加以考慮的第三個面向，為主要參與者或是「利害關係人」（stakeholders）的集合。利害關係人是指，那些影響決策程序，或受社會問題的政策決定所影響的個人或團體。確認了利害關係人之後，政策研究的實際使用者與潛在使用者，便呼之欲出，使研究工作可以調整至符合所需。利害關係人可能包含許多不同的人或組織。例如，利害關係人可能包括國會領袖、幕僚人員、委員會、次級委

員會、政府機構、聯邦政府人員、地方政府人員、州政府人員、一般選民團體;特殊利益團體、以及地方或社區的領袖。例如,國會的一項政策研究,主題為各州對其社會服務綜合補助款執行成效的評估能力,此研究便包括許多利害關係人。這些利害關係人包括資金贊助者(計劃與評估的助理部長);負責研究的機構(人類發展服務部門);要求研究報告的國會委員會(參議院財務委員會、眾議院方法與資源委員會);州政府部門,例如州立社會服務機構及評估部門;以及特殊利益團體,如美國公共福利聯盟、聯合會、以及全國州長聯盟(Majchrzak, Schroeder, & Patchen, 1982)。

政策制定背景中最後一個需加以了解的面向,為政策制定程序的權力結構。一旦利害關係人確認之後,區分利害關係人的權力大小,是件重要的事情,在這些人之中有些是主要決策者,有些具有影響力,還有些是他人決策下的犧牲者其力量極微弱。例如,若對國會鼓勵製造業者使用先進科技的行動進行研究,則最具權力的決策者,可能是國會的經濟委員聯席會中的成員;而具有影響力的組織,可能包括全國製造業工會以及美國勞工總會與產業勞工組織;最後,受影響而力量微弱的成員,可能是那些被解職的工人。透過分辨利害關係人所具有的不同力量,可以更實際的了解,那個團體會對研究建議產生影響,以及那個團體會受研究建議所影響。

總之,要了解政策制定的背景,必須要了解,主要的政策問題、政策問題達成決定之程序,分辨政策制定程序中的利害關係人,以及描述政策制定程序中所涉及的權力結構。

有關進行這些活動的建議，將於後續章節中介紹。

**社會問題的定義與對社會問題所持的價值觀**。除了政策制定的背景之外，社會政治環境尚包含了對社會問題的定義範圍、假設、以及利害關係人所抱持的價值觀。對這幾個方面的主張取得了解之後，對於特定社會問題進行政策研究的難易程度，研究人員便能夠做一初步的判斷。意即，如果對問題本身缺乏共識，而其定義也充斥著不容變革的價值觀以及假設，則要進行對於減輕社會問題有重大貢獻的政策研究，可能很困難。例如，柯曼（Coleman, 1975）在從事教育不均等的研究時，體認到，追求教育均等的觀念並未適當的加以定義。因此，他的研究必須著重於對教育均等背後不同價值觀與假設的詳細說明，以期能找出解決之道。

在取得定義與價值觀的資訊時，研究人員首先要做的事，便是分辨不同利害關係人對於社會問題、其肇因、以及潛在的解決方案所抱持的理論。利害關係人對社會問題的定義方式，事實上即是認定「現象是否真是一個問題的一種主張」（Lindblom & Cohen, 1979, p.149）。換言之，問題的定義是利害關係人對於什麼樣的需求是重要的，以及那些基本需求的滿足是目前尚未達成的一種敘述。例如，某利害關係人也許認為，失業問題就是個人薪資需求的無法達成（從個人層次的分析）。相對的，另一位利害關係人卻純粹站在經濟的觀點來定義失業問題（意即，國內的經濟無法配合全國生產力成長的最低就業標準）。

界定問題的方式（以及所追求的解決方案），將嚴重影響利害關係人，對於問題的肇因以及其潛在解決方案的信念

或看法。例如,根據個人需求來定義失業問題,將造成所尋求的肇因與解決方案,會涉及個體工作者(例如職業再訓練方案)。相對的,根據國家生產力來定義失業問題,則使高失業率產業成長的方案會受到重視。很明顯的,這些不同的定義,將導致以不同的方式去減輕社會問題。

在確認了利害關係人對於社會問題所持的模式之後,便需對這些模式背後的價值觀與假設加以釐清。此價值觀包括,為解決社會問題時,社會所應承擔的責任及付出犧牲的程度。例如,是否應調整公共福利結構,以提供津貼給在家帶孩子的貧窮母親呢?或是提供托兒所,好讓這些母親得以外出工作呢?(Maccoby et al,1983)政府在設計方案時,是否應為了實施福利的幌子,而犧牲或延誤了誠實大眾的福利呢?(Wildavsky,1979)若要掌握所有相關的意見,那麼這些非常私密的以及公開的價值觀問題,就需由政策研究人員加以引出。最後,在取得利害關係人的假設與定義的資訊時,應了解這些見解所具有的彈性(弱點)。越具彈性的見解,則政策研究的成果越有可能促進變革。

**適當可行的建議類型**。政策研究人員所應了解的第三項問題,為適用於特定社會政治環境的建議類型。此處必須加以回答的問題是:哪些建議類型提出哪些類型的變革是可接受而且可實施?一旦找出此一問題的答案之後,政策研究人員便能更明確的知道,所提出的研究是否值得繼續進行。

要處理建議的問題,就必須先了解兩個次級問題:

(1)文化及政治環境所能容忍的變革程度,以及(2)

該環境對於政策研究的潛在用途。

可容忍的變革程度可用下列的連續帶加以說明。

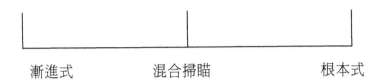

漸進式　　　　　混合掃瞄　　　　　　根本式

　　漸進式變革，是在主要目標和假設的現有架構中，著重於輕微、短期解決方案的一種變革。相對的，根本式變革則是傾向於較長遠，提供新觀點、假設及目標的一種變革。而介於此二種極端之間的，則是種稱為「混合掃描」的變革（Etzioni,1976）。混合掃描式的變革，牽涉到制定需隨時予以漸進修正的基本方針。為了要分辨適當可行的建議類型，政策研究人員必須確定社會政治環境可接受的變革程度。

　　一九七六年所發行的，國家期刊報導雜誌（Wildavsky,1979 所引用），便對「可接受程度的變革是重要的」此觀念之情境加以描述。在這份期刊中指出，當時卡特總統對於根本式變革有壓倒性偏好，對漸進式變革則不感興趣。以下引述卡特的陳述：

　　　　大部份未經例行性妥善處理的爭議性問題，只能對廣泛的方法有所回應。以漸進方式進行基本變革，往往是註定要失敗的，因為特殊利益團體能從現狀中獲利，並將注意力集中於影響他們最大的漸進變革上；然而一般大眾不是不感興趣，就是未能覺察。

（1976 年 7 月 6 日，p.999）

在卡特總統時期所進行的政策研究，若要使其建議獲得青睞，也許對於根本式變革應較漸進式變革投入更多心力。

除了決定可容忍的變革程度之外，政策研究人員亦需評估政策研究的潛在用途。政策研究也許會被用來協助提出問題及其解決方案。政策研究也可能用於評估政策之替選方案。最後，政策研究還可用於較不想要的目的上，例如，爲不明確的行動辯解，或是提供決策者政治軍火以爲選民服務。儘管最後這些用途較不具利他的本質，但這些用途並不能排除這些研究對知識產生貢獻的可能性（請參閱 Rein & White, 1977, 的實例解說）。

**進行研究時所需要的以及可取得的資源**。最後一項與環境相關，必須了解的問題是進行所要的政策研究時，所需的（及可用的）一般資源之最少種類與最低水準。資源不只是財務的需求而已，同時還包括設施、人員及裝備的數量與專門技術。例如，一項針對公元二○○○年徵兵需求的研究，可能不只需要資金而已，還須要有管道及能力，去了解新武器系統人員需求之秘密文件。

在取得有關資源的資訊時，政策研究者也必須確認所需資源的最低水準，並了解這最低水準的資源對於研究造成的限制。雖然，有時也會有大型政策研究完成，例如，西西瑞里·艾爾（Cicrelli et al,1969）所描述的西屋公司搶先起步優勢之評估，以及瓦茲（Watls,1971）所描述的紐澤西收入維持實驗等，便是大型研究的實例。然而，資金的縮減，決策

者急欲得知成果的需求，以及對社會問題之動態本質的更深入了解，種種因素使得較小型、快速的研究成爲鐵律（Schmidt,1982），這種進行小型而快速的研究模式尤其適合政府內部的研究，因爲這類研究經常需處理媒體所關注的問題和詢問（Ginsburg,1982）。但是，這類小型的研究也同時可以在較具學術的環境中進行，例如，卡布托和科爾的研究（Caputo & Cole,1975）。這個小型研究只需作者、其研究生以及在資料處理方面花費一點時間，便可完成。雖說研究成果的水準並不高，但仍能提出一些有趣的政策結論。總之，小而快的政策研究模式，在未來政策研究的領域中，會比大且長時間的政策研究模式更受歡迎。

## 資料調查的步驟

如前所述，研究之準備工作中，對於四項問題應取得了解：(1)社會問題的政策制定背景，(2)社會問題相關意見的範圍，(3)可行建議的類型，(4)研究所需的以及可取得的資源。爲了解這些問題，政策研究人員必須從一些不同的來源以取得資料。在本節中，將提出一個八步驟的資料收集與合成法。此方法只是用於政策研究準備的眾多可能方法之一。研究者應隨政策研究工作需求的改變，而修改此一方法。

以下所列的八步驟，可用於了解社會政治環境。

步驟 1.　選擇社會問題。

步驟 2.　找出關鍵政策問題。

步驟 3.　分析政策問題的立法歷史。

步驟 4.　追蹤以前的研究工作與變革工作之進展。

步驟 5.　取得決策主體的組織圖。

步驟 6.　描繪政策制定程序的模式。

步驟 7.　訪談利害關係人。

步驟 8.　進行資訊的合成。

　　步驟 1：**選擇社會問題**。為準備政策研究，研究人員由社會問題的一些模糊概念開始著手。例如，在早期對社會科學研究效用之分析上，羅伯·萊德（Robent Lynd,1939）便提出一系列社會科學應關注的社會問題。對萊德而言，這類問題包括都市化的規劃與控制、戰爭的預防、人民的生活品質、以及現代生活中對民主原則的維護。

　　會選出哪些社會問題，在某種程度上將取決於發起研究的環境。一政策研究可能是對某特定社會問題有興趣的客戶所委託。在此情況下，同意為此顧客工作，也就等同於，選擇顧客感興趣的社會問題進行研究。例如，如果美國的勞工部對於為重新僱用失業勞工發展政策選擇感興趣時，則勞工部門可能會向熟悉社會問題的政策研究人員發出計畫需求書（RFP）。計畫需求書通常包含問題的陳述，研究如何進行的大綱，以及研究的資源限制。而對計畫需求書的回應，位政策研究人員可能決定提出研究計畫，詳細的描述研究此問

題的特定方法，及其在研究中所引用的專門知識。接著，這位顧客（此處為勞工部）便會從中選出一位最夠格的研究人員，然後開始進行研究。

　　相對於這種由顧客選擇社會問題供研究員研究的方式，政策研究人員也可以選擇他們自己的社會問題。例如，以羅伯‧萊德為例，他對都市化所引發的社會問題深感興趣。由於這種興趣，他可能會去找政府機構（例如，美國的住宅與都市發展局），或基金會（如洛克斐勒基金會），再不然便是利用大學的資源，以尋求減輕問題的替選方案。在他尋求的過程中若得不到支持，那麼研究他所感興趣的問題，只好被迫延後。而對置身於學術環境中的政策研究人員而言，則不太可能找不到支援以研究所關心的社會問題。

　　步驟 2：**找出關鍵政策問題**。選定了所要研究的社會問題之後，接著便要找出關鍵政策問題。通常，當問題被選定且對其有更完整的了解之後，與問題相關的政策問題也將更為明顯。例如，預防戰爭相關的政策問題，至少包括國外戰略武器、國外貿易、武器的研究與發展，以及國內外的經濟狀況。

　　雖然關鍵問題通常很明顯，但在某些情況下並未立即顯現。遇到這種情況時，可諮詢的資訊來源如研究主題的專家，社會問題的經典著作、報紙、以及對這類問題有興趣的團體。例如，如果你選擇的研究主題為有關種族歧視的社會問題，而又抓不到其關鍵政策問題時，則不妨與全美有色人種發展協會接洽。在找出關鍵問題的過程中，你可能會發現有非常多的問題，而無法於研究中適當的加以納入。碰到此

種情況時，最好對問題以更狹隘的方式加以定義，使其只著重於一或二個問題可能較為妥適的。

　　步驟 3：**分析政策問題的立法歷史**。在第三個步驟中，問題的歷史本質從開始成為政策關注的主題，到目前的立法狀況，便在各適當的政府層級中被追蹤。而追蹤立法歷史最快的方法，便是取得有關這些問題最近通過的立法。這些立法通常是參考早期的狀況，有時甚至還會提出解釋，說明為什麼需以新的行動去增補過去的法令。除了取得實際的法令之外，研究人員也許會發現其他的來源，對於問題的歷史分析有所助益。如果此社會問題在過去並未受到立法的重視，則這些其他來源就特別重要。這些來源可能包括，政治科學家過去對政策問題的政治分析，對於此問題有興趣的政治活躍人士所發表的著作（如 Daniel Patrick Moynihan 對都市政策的研究），以及對這類問題具有歷史眼光的專家所提出的意見等。

　　要分析立法歷史，則政策研究人員便應該詳細檢查下列的各項資料的來源：

1. 法令的表面目的以及潛在目的（兩種目的是否相似！兩種目的是否隨著時間而改變？目的是象徵性的，或者是要產生真正的變革呢？）
2. 法令所處理的社會問題的定義（這些法令是否隨著時間而改變，或者有不同的支持者？）
3. 法令所內在所具有的價值觀與假設。
4. 以前此法令的成功之處與問題所在。

5. 為法令所影響的選民（此政策問題的公眾利益是什麼？誰受到此法令的傷害，誰又因此法令而受益？）
6. 關鍵決策者與決策過程（此法令關係到那些國會的委員會與執行部門？）
7. 以前此法令所使用的政策機制（以何種方法來實行此法令？）

　　由於此分析在政策研究程序之初期便完成，雖然無法期待可掌握這七個問題的完整細節。但在進行下一個步驟之前，對這七個問題應有概略的了解。

　　步驟 4：**追蹤研究或變革的程序**。就大部份的政策問題而言，以往或目前所進行的研究成果絕對不只一個。這些研究應該加以辨識，並從研究開始到研究發現的使用均應加以追蹤。可透過步驟 3 使用的各種來源以找出這些研究。在追蹤過去與目前之研究或變革時，研究人員應該尋找以下的各項資料：

1. 與研究或變革有關的組織（指利害關係人與研究人員）。
2. 以往在這類問題的決策制定時此研究的用途。
3. 研究的關鍵決策者與使用者，以及
4. 現存的類似研究。

　　這些資訊不但可瞭解研究成果之潛在用途，以及研究被使用的過程。要獲得這些資訊，你不妨直接向從事同類型研

究的研究員請益。與其他研究人員討論所獲得的見解，也許對於將你的研究概念化非常有幫助。

步驟 5：**取得決策主體的組織圖**。依據步驟 3 與步驟 4 中所取得的資訊，應該足以找出該政策問題的主要決策主體了（例如健康與人類服務部、國防部、管理與預算部門、國會委員會）。在第 5 步驟中，應該取得或建立，描繪這些主體組織的圖表。這些圖可明白的指出當局的地位；描述溝通的流向；並描繪每一組織中決策程序的主要的把關者。這些資訊將有助於進一步了解所選定的政策問題之決策程序。

步驟 6：**草擬政策制定程序的模式**。由步驟 3 到步驟 5 之中，有關政策制定背景的各面向之初步資訊都已取得。這些資訊包括辨識溝通管道，透過這些管道，政策問題的資訊得以流通；關鍵決策點，政策決定需通過這些決策點；未來政策必須克服的問題；政策制定程序的利害關係人；以及利害關係人的權力結構。在這六個步驟中，所取得的資訊被合成政策制定程序的初步圖形。圖 2.1 便是這種模式的一個簡單的假想例子。如這個模式所顯示，任何一種問題的政策制定者，其範圍可能從地方機構的行政人員、社會服務行政人員，以至州政府和立法機構。

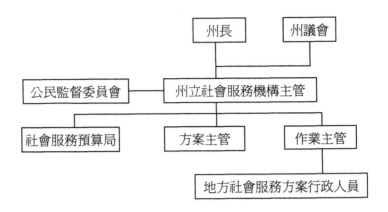

圖2.1州立社會服務機構政策制定程序之假設模型

　　步驟 7：**訪談利害關係人**。在草擬出政策制定程序的模式之後，對於模式中所確認的利害關係人應進行訪談。由於典型政策問題的政策制定程序模式，會包含許多的利害關係人，可能無法一一加以訪談。因此，對這些利害關係人，必須根據其在政策問題中的相對權力與利益，予以主觀的分級。例如，某一州立社會服務機構（如圖 2.1 所示）的預算單位，可能主要為該機構提供會計功能。若此單位具有相對中性的地位，則可能不需對預算主任進行訪談。但是，另一種具有強烈意見及影響力的利害關係人，則必須加以訪談。在圖 2.1 中，於許多州中扮演人民代言人的市民監督委員會，便是這種利害關係人。

　　對這些利害關係人的訪談，可用正式或非正式的方式進行，電話訪談或親自訪談均可。在訪談過程中，必須取得下列的資訊：

- 對步驟 6 中所草擬的政策制定程序初步模式加以修正（包括利害關係人的確認）。
- 利害關係人對社會問題所抱持的定義、價值觀、以及假設。
- 利害關係人對解決此社會問題的新方向之開放程度。
- 利害關係人對此社會問題之政策研究成果的預期用途。
- 不同類型的建議之可接受性與可執行性。

　　為了獲得這些資料，訪談必須隨利害關係人的特殊性格而加以調整。因為受討論的政策問題通常具爭議性，通常利害關係人會提防他們提供資訊的方式可能遭到利用。他們不但會關心政策研究人員的政治傾向，以及它們所提出的觀點是否被公正的報導。因此，從事訪談時，使用各種不同的方式，鼓勵利害關係人暢談是有必要的。某些利害關係人也許在小酌一杯的氣氛之下，透過說故事的方式，能夠更加自在的分享資訊；而有些利害關係人則喜歡正式的訪談方式，同時配合錄音和筆記方式以求精確。由於這些訪談的目的在於取得初步資料，及建立門路，以便日後收集更深入的資訊，因此，任何可以讓利害關係人放鬆心情暢談的方式，都值得加以採納和使用。

　　以下提出一些建議，或許有助於訪談工作的進行。首先，許多利害關係人也許不明瞭他們自己的價值觀與假設。

例如，一位雇主在被問到有關聘用及升遷時種族歧視的慣例，他也許並未體認到，這些慣例便反映出自己的種族偏見。而為窮人評估高教等育的利害關係人，則可能無法體認到，這種評估可能承擔的後果與取捨。最後，這利害關係人可能不願討論他們的價值觀，因為擔心他的價值觀遭到誤解，或被拿來當做攻擊自己的工具。

在這種情況下，政策研究人員最好採取觀察的方式，或探討過去他對早期政策的各種行為（利害關係人的早期言論），來引出他們的價值觀。此外，「人們在回應特定的分析、概念、以及提案時，最容易展露出其價值觀」（Coates, 1978, p.68）。引出利害關係對一社會問題的個人意見，最有用的輔助工具，還包括向他們提出此社會問題的假設性劇情或觀念模式；例舉出有關此社會問題的不同需求與價值觀，以及提出對問題的不同觀點並要求他們逐一回應。

對於進行訪談的第二項建議是，要明瞭某些利害關係人可能顧慮其政治利益，而不願明白說出他們的價值觀與定義（Wildavsky, 1978）。為了不讓選民流失，利害關係人會拒絕承認某些特定的觀點。在訪談這類型的利害關係人時，請勿引誘他們陷於此種情況中。但是，你應了解若社會政治環境大部分是由這種人所組成，可能會使得一個有用的研究難以完成。

對於進行訪談的第三項建議是，利用「若……，則……」的方式（若則分析），來決定環境對於變革的開放程度以及不同類型建議的可行性。透過這種提出劇情的方式，利害關係人便可藉著指出他們支持此變革的意願和能力，以對某特

定的概念或行動做出回應。

最後，在訪談進行的過程中，研究人員應該嘗試去評估利害關係人，是否能在研究期間充分投入研究，以供意見；回饋、及/或額外的資源。例如，如果在訪談結束後，請求提供協助，或是承諾於未來答覆問題，則利害關係人可能受到奉承而且本身夠投機，而願意在研究進行期間，全力的提供建議。站在政策研究人員的立場而言，這些資訊，在後續的研究過程中，對於解釋研究結果，及發展可執行的建議，均可能極具價值。（再說，誰又知道呢？也許利害關係人因為太過欣賞研究人員，而願提供額外的資源，使得研究人員能夠對社會問題進行更廣泛的研究！）

步驟 8：**資訊的合成**。在準備工作的最後一個步驟中，從前面七個步驟所獲得的資訊將於此加以合成。此一合成的工作是在處理下列的一連串問題：

1. 研究成果的使用者為何人？在那些使用者中，能夠由此研究成果中獲得最大利益的決策者是誰？他們是否擁有足夠的決策權力及承諾，同時對於研究有適度的期待，以促使研究完成並成功的被使用？
2. 社會政治環境對於變革的開放程度有多大？
3. 進行一項可提供有意義的成果予其使用者的研究時，那些資源是不可或缺的？而可取得的資源是否足夠？

在答覆第一題中一連串的問題時，研究人員須深入的觀

察政策制定程序的模式，詳閱訪談利害關係人時所做的記錄，以及了解特定政策問題其法令歷史的資訊。在合成這些資訊時，你應嘗試找出並宣揚此研究的「擁護者」。擁護者是願意支持你的研究且爲有權威的決策者。喬‧福瑞茲（Jo Fraatz, 1982）認爲，國會議員較可能是擁護者，包括那些在社會問題上如同專家一樣具有長期聲望的議員，那些與研究人員具有長期關係的議員，以及那些急欲建立個人名氣的新議員們。例如參議員愛德華‧甘迺迪，華特‧孟岱爾，以及丹尼爾‧英勞伊等人，都是以往政策研究的擁護者。如果研究人員能夠找到這種擁護者，則產生有用的研究其可能性將大幅提昇。

　　第二組問題，關於變革的開放程度，則牽涉到對價值觀、假設、以及定義三方面資訊的合成。對一個尋求開放變革的環境而言，必須要對社會問題有相當的共識（或是潛在的共識），目前或潛在的意見必須具有相當程度的彈性，而且對於建議必須取得支持的力量。在合成資訊以處理這些問題時，法蘭克‧費雪（Frank‧Fischer,1980）便提出了一種叫做「價直映射」的技術。在價值映射中，特定問題的常模（norms）和價值觀，將被以定量（例如，對問題的某些構面指定其重要權數）的方式，或以定性（例如根據環繞問題的價值觀去建立價值觀網路模式）的方式挑出。至於是否要使用諸如價值映射這種正式的程序，則要視問題的複雜性以及時間的許可而定。對於較不複雜而且／或是要求快速完成的研究來說，也許一較不正式的資訊合成方法便已足夠。

　　最後一組問題與研究資源有關，仍須在此合成的步驟中

加以處理。例如，必須決定是以一小型的諮詢工作來處理社會問題，或是以一完整的研究計劃來處理社會問題。完成問題的主要政策決定所需的時間應予確定。最後，應找出政策研究還能在哪些決策點上提供資訊。而在進一步研究此社會問題之前，釐清上述那些考量因素是很重要的。

## 進行研究的決定

最後一項準備工作為，決定這項政策研究是否應該進行。因為可能在許多的情況下，政策研究不應該進行，因此必須謹慎考量此一決定。但在做出決定之前，應先找出下列兩道問題的答案：

- 在已知的研究成果使用者，社會政治環境、以及資源下，是否可進行有用的政策研究？
- 如果這樣一個研究是可行的，那麼我會是從事此工作的適當人選嗎？

第一個問題又得回顧合成準備資訊（步驟八）的結論。這些結論都已詳細的指出使用者的需求，探討了環境對於變革的開放程度，也估計了所需的資源及可取得的資源。這些結論可以指出：政策研究能協助研究成果使用者未來進行政策決定的可能性。　，

第二個問題則為，該由誰來進行此研究。此處應該考慮的因素，包括你的技術性研究技巧的適當性，你與研究成果使用者二人個性的契合度，以及你與組織的關係的適當性。例如，一項由全美有色人種發展協會的研究人員所進行，針對教育機會均等的研究，可能會有偏差（或其他人認為有偏差）而不太可能做出教育均等的結論。如果此研究的目的在於影響國會領袖，則這項研究最好由立場較公正的研究人員來進行。

顯然地，如果你在收集準備資訊時，便已遇上了麻煩，則雖然你可能有強烈的意圖，要親自來進行這項研究。但是，你必須為自己和為研究嚴格的評估你的研究技術與個性是否適合此研究所需。例如，如果此時所要解決的社會問題，很清楚地，需要對兩個不同政策替選方案做出一複雜的成本效益分析，則政策研究人員便必須具備有這類的分析技術。如果一項社會問題的研究，必須公正的比較兩個敵對政治團體所偏好的不同政策，則政策研究人員，便須要有能力提供這種公正的研究。如果，只有在對問題進行根本的重整，才有可能對社會問題的解決有所突破時，則政策研究者便須具有創新的思考能力。如果你的技術／個性與所從事研究的要求無法配合時，則有幾項選擇可供你挑選。可以：

1. 以其他研究員的長處以增補自己的技術。
2. 不要擔任主要研究員的位置，但仍維持研究小組成員的身分，或把整個研究交給其他的人去做。

以上這幾點選擇都不容易做到,但是,如果不太可能做好此研究,最好及早擺脫他,以免拖得太久,可能就無法脫身。

總之,是否進行一項政策研究,應該是一項主觀的決定。只有你可以決定該研究是否有用以及你是否是適合去做這項研究。由於這種決定是主觀的,因此及早建立標準,以便據以決定何時應進行政策研究,這可能對你的研究事業有所助益。以下的各項,為國家科技評估部門用於決定研究某一特定問題時,所採用的標準(Gibbons,1983):

- 此一政策問題的爭議性是否夠大,而需要客觀的資訊?
- 有關此問題的相關資訊,是否足夠提出客觀的建議?
- 一旦行動建議提出之後,那些要求研究成果的國會委員會,是否真能對問題採取行動?
- 美國科技評估部門是否是進行此項研究的適當機構(相對於總審計局、國會預算局、或是國會研究部門而言)?

也許你可以開始思考你自己的標準應該是什麼,以供你決定是否進行一項政策研究。

最後的建議是:一旦你已決定要進行一項研究,清楚的辨識出時間的範圍、與研究成果使用者的溝通程序、角色的期待(如顧問、變革仲介者、擁護者、資料收集者、或是分

析師），以及一旦研究完成之後，資訊的用法（例如機密、解密日期）。借由事先建立這些規則與程序，便可避免日後發生不幸的誤解。

## 練習

1. 當你為一項政策研究進行準備時，列出所有你需要自問及問他人的問題。並依照本章所列舉的八個步驟，將這些問題加以分組。

2. 下面所列為一些社會問題清單。挑選出其中一項，並描述你將如何了解該社會政治環境，以解決此社會問題。（依照本章中八步驟的方式）

   • 酸雨。
   • 墨西哥人民的非法移民。
   • 提昇國際性汽車製造廠商的科技優勢。
   • 社會福利制度的赤字。
   • 虐待兒童。

3. 假如你是顧問公司中的一位研究人員，國防部助理部長室央請你去進行一項調查研究，主題為女性同胞從軍的效果。你個人認為，女性從軍與參戰是女權的伸張。但是，當你準備此一研究之時，卻發現國防部暗地反對婦

女從軍，而且希望有證據支持未來排除女性從軍的政
策。你是否覺得，你能夠進行一項公平又能提出有用建
議的政策研究呢？如果不行的話，你是否能夠深入說明
在何種狀況下，可以保證此一研究的公平性及用途呢？

# 3

# 政策研究的概念化

　　本章所要探討的是將研究概念化相關的活動，其中並包括發展社會問題之初步模式，列出特定的研究問題，以及研究調查人員之遴選。

　　在第二章所述的準備工作中，有一部份工作是你必須決定在既有的社會政治環境下，某一政策研究是否具有適當性。假設已經決定要進行此研究，則將須做好準備，以便進行那些可以協助你將研究概念化的工作。要將一個政策研究概念化，需要進行以下的三項工作：

1. 發展社會問題的初步模式。
2. 詳細列出特定的研究問題。
3. 遴選研究調查人員。

## 發展社會問題的初步模式

　　從事政策導向研究的社會科學，過去一直飽受嚴厲的批評，認為他們對於所處理的問題不夠清楚也不夠了解，分析過於簡陋，而且範圍狹隘，研究的焦點也未善加定義（Aaron,1978；Lamm,1978）。為了避免這批評，對於研究進行概念化的第一步，便是發展一社會問題的初步模式。一般而言，這套模式會詳細描述社會問題的定義，假設、價值觀、及假設的肇因等。所發展出的模式只是初步的模式，隨著政策研究程序的進行，將會加以修正。

　　圖 3.1 呈現米漢（Meehan,1971）所探討的假設性社會問題的兩個簡化模式。在 A 模式中，他認為，貧民窟孩童的營養問題是家長疏忽所致。此一問題可透過對家長教育的方案以及改善貧民窟的不良文化氣氛而加以改變。相對的，在 B 模式中，他認為貧民窟孩童營養缺乏，為貧民窟中家長的經濟狀況不佳所致。如果研究採用 A 模式，則在研究中所檢定的研究問題類型，將與採用 B 模式時迥異。因此，社會問題所要採用的模式，必須在詳細列出研究問題之前先指定，這將是研究概念化的第一個步驟。

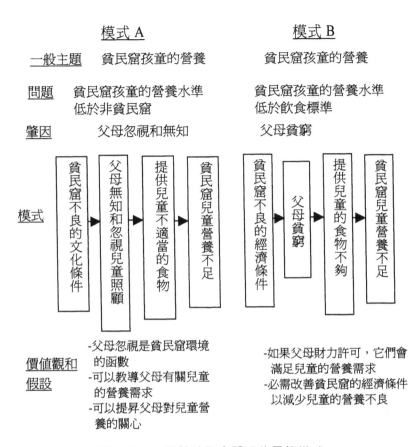

模式 A　　　　　　　　　模式 B

一般主題　　貧民窟孩童的營養　　　　貧民窟孩童的營養

問題　　　　貧民窟孩童的營養水準　　貧民窟孩童的營養水準
　　　　　　低於非貧民窟　　　　　　低於飲食標準

肇因　　　　父母忽視和無知　　　　　父母貧窮

模式

　貧民窟不良的文化條件　→　父母無知和忽視兒童照顧　→　提供兒童不適當的食物　→　貧民窟兒童營養不足

　貧民窟不良的經濟條件　→　父母貧窮　→　提供兒童的食物不夠　→　貧民窟兒童營養不足

價值觀和
假設

-父母忽視是貧民窟環境
　的函數
-可以教導父母有關兒童
　的營養需求
-可以提昇父母對兒童營
　養的關心

-如果父母財力許可，它們會
　滿足兒童的營養需求
-必需改善貧民窟的經濟條件
　以減少兒童的營養不良

圖 3.1　一假設性社會問題的示範模式

　　要發展社會問題的初步模式，研究人員將需大量仰賴第二章中介紹的資料收集工作所收集到的資訊，以及研究人員到目前為止所做的任何文獻檢討。而訪談利害關係人所收集到的資訊尤其重要。但是，在使用利害關係人的評論時，研究人員不應只是轉述他們的定義與意見而已。將利害關係人

對問題的陳述照單全收,「也許會大幅度的失去研究的客觀性,而客觀性正是使得科學能對解決人類困境具有潛在幫助的重要特質之一。而且,如此一來,社會學家可能會顯得眼光短淺,而這正是現實文化的明顯表象,在此種文化下,當人們面對大麻煩時,常驚惶失措的只尋求些微的補救」(Lynd, 1939, pp.120-121)。例如,利害關係人對廢除種族隔離的定義可能為,「白人」會遵從法令規定降低在都會環境中種族對立的程度。只是,此定義,可能代表對問題的一種狹隘或偏差的觀點。而對於問題的另一個定義,可能應該包括黑白種族團體對種族隔離的自主性與非自主性行為(Finster busch & Motz, 1980)。

要從所獲得的資訊來發展社會問題的一個模式時,研究人員常會發現,不同利害關係人對同一社會問題,實際上擁有彼此相互衝突的一些模式。例如,最近對四十三州的立法委員所做的調查,發現他們在空氣污染的問題上,形成兩大對立的想法!其中一組立法委員認為,空氣污染是一種經濟問題;而另一組立法委員,卻認為空氣污染是健康及環境的議題(Mahiotto & Bowman, 1982)。經濟導向立法委員,較願意接受環境的惡化,而反對政府的干預。而健康和環境導向的立法委員,其觀點正好相反;政府被視為是防止空氣品質更加惡化的最主要工具。

表 3.1　四位作者高階價值的範例

---

G. Grob（1981）
　　消除貧窮
　　為無法獨立生存的族群做準備
　　控制犯罪
　　改善工作條件
H. Lasswell（1958）
　　安康
　　感情
　　技巧
　　教化
F. Fischer（1980）
　　社會正義
　　公共利益
R. Angell（1965）
　　尊嚴
　　公民及宗教自由
　　和平
　　負責的民主
　　人道主義

---

　　當面臨彼此觀點互相衝突的狀況時，政策研究人員應先
嘗試對於所研究的社會問題，發展一能容納雙方意見的新模
式，以建立這些利害關係人之間的共識。如果無法以這種方
式建立起共識，則可就以下兩種方法中擇一採用。第一個方
法是，試著發展一個能夠訴求「高層次價值」（higher-order
values）的更一般化模式。所謂的高層次價值指的是，那些

能得到一般社會大眾認同的社會目標。表 3.1 所呈現的便是這類價值的例子。透過訴求這些普遍受到人民認同的更高層次價值，研究人員較可能為此社會問題在單一模式上，取得認同。

處理這種對社會問題的模式缺乏共識的第二個辦法，便是斷定相互衝突的意見是因為對社會問題的關注不夠或資訊不足。這個推斷意味著，只有對社會問題取得更多的資訊或投入更多的注意，才有可能取得共識。若採取此一辦法，則研究本身便會被視為是為提供更多必要的資料，以建立對社會問題的共識。

柯爾的研究便為第二種方法提供了一個例子。由於各方對教育均等的意見上十分歧異，而對此問題柯爾的研究主要貢獻在於，對問題的定義建立起共識。根據柯爾的說法，他的研究提供了必要的資訊，將政策所關注的重點從傳統教育不均等的理論轉移至不均等的新理論（即依據資源分配的總數來定義不均等）。這項新理論認為結果的差異，是由一些因素所致，而這些因素超越資源分配的差異所產生的影響。雖然他的研究並未提出解決不均等問題的可行建議，但卻提出了與政策相關的寶貴資訊。

最後，偶爾還有一些情況，即當一社會問題的不同模式雖被提出，但其資料卻無法創造共識。例如，一個關於墮胎權利的社會問題，會產生兩種不同的模式。在生命權的模式中，胎兒為具有感覺與感情的人類，不論母親的意欲為何，胎兒都有其生存下去的權利。相對的，在贊成墮胎合法的模式中，因為胎兒還未被生下來，所以還不算是人類。想要在

兩種模式之間做決定，則必須在個體價值的觀點上取得共識。關於這點，資料並不太能有所助益。在這種狀況下，政策研究就得將焦點著力於明確的選擇其中的一個模式，或者不用二者中之任一模式去尋求肇因及解決方案。

總之，發展社會問題的模式這項工作，既不明確也不容易。但是，要記住的是，你在此時所發展出來的只是初步的模式，無須清楚交待所有的肇因或變數，初步模式只是協助指出正確的方向罷了。

## 列出特定的研究問題

在發展出社會問題的初步模式之後，便可列出特定的研究問題了。由於這些問題將會影響方法論的規劃以及研究的最終含意，因此著手列出這些問題時應非常小心，並應經過深思熟慮。謹慎列出特定研究問題的程序，包含了四個連續步驟。第一，研究人員必須決定，希望研究會產生哪種影響。第二，必須選定社會問題的焦點（或面向）。第三，從期望的影響以及焦點相關的變數中，找出最具可塑性的變數。最後，根據最可能在社會問題的面向上，產生期望影響的可塑變數，中列出特定的研究問題。

**步驟 1：決定期望的影響類型**。列出研究問題的第一步，在於決定研究應對政策環境造成何種影響。研究的問題可以針對一些不同種類的影響。例如，使社會問題有更好的定

義；或者，如果已經有了充分的資訊，則可以去找出及／或比較不同的解決方案。此外，研究問題在期望影響的程度上，也不同。意指，某些研究問題尋求漸進式的變革，而其他的研究問題則著重於尋求社會問題的根本解決方案。最後，研究問題會因觀眾不同，而有差別。某些問題是針對最高政策制定階層（如總統、國會、或公司的執行長），而其他的問題則著重於低階層（如局處決策者、州或地方領袖、或是工廠經理等）。

在政策研究可能產生的各種不同影響下，政策研究人員便需要評估社會政治的環境，以決定最妥適的影響類型。這項評估需審視，環境對於變革的開放程度，價值觀及定義的衝突程度，以及在該政策制定背景中可實施變革的水準。

例如，瑪格莉特、柏克曼（Margret Boeckman, 1976）認為，漸進式研究最適用於，那些在社會問題的理論上，有共同的基本價值觀與定義的觀眾。相對的，何·福瑞茲（Jo Fraatz, 1982）卻認為，那些長期具強烈政治爭議的社會問題，也許需以更基礎的研究問題來處理。漸進式研究問題只會使爭議持續而已。最後，對政策研究中心（Nagel & Neef, 1978）最近的調查中發現，中心主管間普遍抱怨，高階政策制定者經常提及政策研究，然而這些制定者卻未參與開發實際推動政策的策略。可見，就某些社會問題而言，一個政策真正的成功，仍然依賴較低階層幕僚對法規的準備及推動，而非仰賴較高階政策制定者。

**步驟 2：選擇社會問題的面向**。列出研究問題的第二個步驟，為在所要研究的社會問題上，選擇一或數個面向。無

庸置疑的，越多面向、越多構面的研究問題，則研究越有可能產生廣泛而有意義的結果。但是，期望一項研究能夠含括問題的所有面向，則是不切實際的想法。因此，需有一些準則以供挑選研究所要著重的面向。

根據亞明泰·艾茲歐尼（Amitai Etzioni,1976）的社會指導理論，研究人員可將一個社會問題分成四個焦點。一個問題以及其肇因，首先可從技術觀點加以了解（如，五五英哩速限與肇事率之間的實證關係）。第二，一個社會問題可以由其組織結構的觀點來加以了解（如，實施五五英哩速限的機制）。第三，也可以根據社會共識來了解一社會問題（如，社會對速限的接受性）。最後，社會問題可從權力觀點來加以了解（如，在維持五五英哩速限上，汽車及石油工業所扮演的角色）。

在一社會問題的各個面向中，要選擇研究所欲著力的面向時，選擇的標準，應該選最能提供政策制定環境所需相關資訊的面向。例如，在一項以「機器人對美國勞動力的影響」的參議院聽證會中，應邀演講者，針對各種為減少機器人對勞動力的衝擊，所設計的不同政策機制（及其背後各類選民的支持），提出他的證詞。這份證詞說明了，對於社會問題的組織與權力面向的關注。雖然證詞提供了某些議題的相關資訊，而參議院委員會所要的資訊，卻是有關社會問題的技術面向；意即，參議員們想要知道，在公元二千年之前，預期勞動力會受到哪種衝擊以及衝擊的程度如何。正如主席所說：雖然其他面向上的資訊也很重要，但是在技術資訊未取得前，這些資料也派不上用場。一研究要能回應主席的關

切，就應發展出主要針對技術面向的研究問題，而非針對機器人勞動力問題之組織面向。

上述四個焦點，雖然每一個都代表，以不同的觀點來觀照你的社會問題，但理想上，你的研究應該能提供多面向的資訊。例如，你的研究也許可提供適用於某些組織結構的技術面向資訊。

除了關注多個面向之外，研究問題也應該體認到，社會問題的各個不同面向間也會有明顯的互動（Etzioni,1979）。因此，在可能的範圍之內，政策研究問題不應只處理社會問題每個面向的效果而已，也應處理面向間相互作用的效果。如此，政策研究的結果將更能反應出社會問題的真實面。

最後，應該事先告知政策研究人員，社會問題的正確焦點，也許可以根據你的研究所要產生的影響類型而定。例如，假設你決定讓你的研究會產生漸進式的影響。在這種期望的影響類型之下，有關社會問題的社會共識面向將被忽略。這是因為漸進式研究並不求改變社會問題的現有價值觀和假設。因此，在制定涉及第一及第二步驟的決策時，務必謹記，這兩步驟中的決策與決策之間有密切的關係。在充分了解此一緊密關係後，所產生的研究問題，將會更加合理。

**步驟 3：辨識可塑性變數。**在完成了第一與第二步驟後，要研究哪些社會問題的面向，以及要產生哪些預期的影響類型等相關問題便已決定。這些決定將產生一組社會問題的變數，而可將這些變數納入政策研究之中。從這一組變數中，存在一些最具可塑性的變數，必須將其挑選出來。可塑性變數，指的是那些可加以改變，以改善社會問題能的變數。而

這些變數正好就是所列出的研究問題關切的焦點。而步驟 3 為一程序，用以評估這組變數之可塑性，並選出可塑性最大的變數。

一變數是否具可塑性，不只決定於該變數可被技術性改變的程度，也在於社會及政策制定者希望他改變的程度。例如，父母生育子女的慣例，及分配資源給不同救濟計畫等，均是可塑變數，因為他們可被技術性的加以修改，而且通常社會對於他們的改變持開放的態度。

相對於可塑變數為靜態且不可改變的變數（如，性別，身高）。例如"徒步旅行者之道德特質，在決定人煙稀少處的犯罪率上，可能是一重要的變數，但除非公園或森林管理局的職員，可根據此變數來挑選徒步旅行者，否則這項知識是無用的 "。因此，由於徒步旅行者之道德特質，傾向於不隨社會及技術手段而改變，因此可視為不可塑的變數。

由於政策研究的目的，在於提供政策制定者有用的建議，因此政策研究傾向於將焦點集中在可塑性變數上。雖然，非可塑性變數可能會包含於分析過程中作為統計方程式中的控制，但研究結果應該將焦點集中在那些可加以修改的變數上，並且跳脫於其他因素的影響之外。

假如將焦點幾乎完全集中於可塑變數上，政策研究人員必需能從他們的變數名單中，辨識那些最具可塑性的變數。這種辨識工作，必需對社會問題，以及社會政治環境有某種程度的了解---假設研究員此時已具備這種了解。以下為辨識可塑性變數的一般性準則。

首先，諸如態度、標誌、認知、以及法律等象徵性變數，

通常比自然程序更具可塑性。例如,酸雨可能是許多不同因素的函數,包括天氣狀況以及工業污染。很明顯地,天氣狀況為自然程序,一般不會隨政策制定者的改變而改變。另一方面,工業污染的程度,由於不當的公眾壓力與法律所致,則較容易改變。因此,在選擇主要變數時,那些象徵性的變數尤其值得注意。

評估可塑性的第二項準則為,涵蓋範圍小的變數要比涵蓋範圍大的變數更具可塑性。例如,雖然分配給學校的資源、家長的貧富程度、以及種族歧視等,都是影響年幼孩子在校表現的重要因素。但是,只有第一個因素:資源分配,受到注意。其他兩項因素:貧富程度及歧視,則因焦點過於廣泛,以致政策制定者需做出重大承諾才能有所改變。

第三項準則為,常態分配、連續的變數通常比二元或二元分配的變數更具可塑性。對二元變數而言,利害關係人會被兩極化於變數的兩個極端上,例如學校以校車接送學生,在道德上是否正確。利害關係人只能對校車的設置,採取同意或不同意的態度,而沒有中間地帶。相對於二元變數,連續變數則可以根據同意或不同意的程度來區分等級。這種區分等級的方式,可以讓意見與建議較不具規格性與威脅性,也較易於達成折衷妥協。例如,連續變數也許是一學校體制的水平(而非完全整合是否適當),或是提昇校車運輸的接受度(而非一特定社區是否完已經全接受校車運輸)。

第四項準則為,使人們在基本人類需求上獲得改善的變數,諸如免於困乏與痛苦的自由,一般而言,要比那些與基本人類需求沒有直接關係的變數更具可塑性。與基本需求無

關的變數較不具可塑性，因為他們的重要性與效用也經常受到質疑。例如，福特基金會的萊爾‧桑德斯（Lyle Sauders）便強烈的質疑：國家應根據「繁殖是一項基本人權，可隨個人喜好來行使」這個觀念來建構其人口政策。將人口政策與基本人權結合，可在家庭計劃產生更多的國際合作，因為「這種人權是資本主義以及共產主義國家都能認同的」（Saunders,1972,p11）。最後，那些與基本人類需求有關的一社會問題變數，應該成為政策研究人員長期關注的焦點。研究人員越能有效的辨識這些變數，則他們所提出的建議越能得到大多數利益團體的支持。

辨識可塑性變數的最後一項準則為，一個變數在研究開始時的可塑性，也許不同於研究結束時的可塑性。例如，路易斯‧艾奇福瑞亞（Luis Echeverria）於 1969 年第一次競選墨西哥總統時，其所主張的家庭計劃被斥為美國介入的象徵，使得家庭計劃服務變成一項低可塑性的變數（Bergman,1975）。三年之後，為了反應政治與經濟狀況，艾福瑞亞總統因為宣布建立全國性的家庭計劃服務，而扭轉了自己的地位，因而提昇了家庭計劃服務的可塑性。在辨識了可塑性的變數後，很重要的一件事，即辨識那些未來可塑性可能發生改變的變數。這些變數在預期的轉變中，可能未被包含在分析過程之中，也可能已包含在內。

步驟 4：列出研究問題。在完成前面的幾個步驟之後，研究人員對於期望影響類型、所要著力的社會問題面向、以及要研究的特定可塑性變數，都有初步的構想。經過這些努力之後，研究問題應可輕易的從中湧現。此外，在列出研究

問題的過程中，研究人員應該牢記柏納德·巴里森（Bernard Berelson,1976）所提：最可能提昇公共政策的研究問題五大標準：

1. 研究問題應該處理一社會問題的重要面向。
2. 研究問題應該是可做的（do-able）—意即，在既有的預期研究限制下是可行的。
3. 研究問題應該具有時效性，提供有用的資訊供目前與未來進行決策制定；
4. 研究問題應合成不同的觀點，使其結果代表不同領域的整合，而非只是匯總而已；最後但不是最重要的一點為，
5. 研究問題應該展現出對政策有所回應，即以協助政策制定者對社會問題有所行動的方式去處理問題。

　　總之，這五項標準對任何政策研究而言都是具有挑戰性的標準。然而，如果無法符合這些標準，則研究人員所進行的研究，最後所得到的可能會是一個效用受質疑派的結果。

## 挑選研究的調查人員

　　將研究概念化的最後一個步驟為，挑選研究的調查人員。在挑選調查人員時，必須決定三件事：

- 以團隊或個人來進行研究。
- 選擇具有適當學術背景的調查人員。
- 研究過程中投入顧問人員。

　　前面兩項決策或許是形式的，視研究規模的大小而定。在小型研究中，研究人員也許只是具有一定學術背景，單獨的一個調查人員而已。然而，在大型研究中，也許需要對前面兩項決定做進一步的判斷。研究人員應該確定，此研究應該以團隊還是個人獨自來進行較為適當。如果資源充分，則應以團隊來進行研究較佳，可將研究分割成獨立的各個不同部分，且各自需要不同的觀點和技術。在此狀況下，團隊成員可對研究提供創新及多元的資料，此為單一研究人員或有限技術所不及。然而，在另一種情況下，團隊也許就不那麼有效了。由於團隊時常會因開會、意見不一致、以及需要妥協，而嚴重的妨礙了研究的進行，因此，如果時間緊迫的話，則研究應該以一人獨力（由助理協助）進行為宜，或者，劃分成幾份獨立的工作。

　　如果需要用到一組調查人員以進行研究的話，則需決定該小組學術背景的組成。有些研究應結合多重學域共同來進

行（如，對勞工的研究便應同時包括心理學家與經濟學家）。而其他的研究若由一組學術背景相似，但不完全相同的研究員來進行，可能更有效率，雖然較為狹隘。

有關挑選調查人員的第三個決定為，於研究中採用顧問人員。熟練且有系統的研究所強調的是，在政策研究中（Carter & Kosinski,1981；Gibbons,1983；Vande Vall & Bolas,1982），顧問小組、指導委員會、以及專案小組所具有的效用。例如，一項對療養院的研究，目的在於協助密西根州政府決定是否要採行一系列新法令，該研究之所以能夠圓滿的成功，一般認為應直接歸功於採用有興趣的市民所組成的專案小組。（Carter & Kosinski,1981）

專案小組及顧問小組之所以能夠發揮功效，其原因有幾點。首先，身為顧問小組的成員，這些小組會在利害關係人間，協助創造出足夠的所有權，以確保研究的結果會被使用。第二，指導委員會，會協助確保研究維持於合理而恰當的途徑上。最後，這些委員會，會提供機會給互相衝突的團體，讓彼此可直接面對，以便達成妥協。

但是，使用顧問小組也可能產生問題。例如，在等候決策時，進度便會延誤，若小組討論未能適當的管理，造成衝突對立增加，這些情況都是使用顧問小組的可能結果。由於這些理由，在著手研究之初，便應明訂該研究使用顧問小組的基本規則。例如，科技評估部門的顧問小組，只用於評審報告，而不用於核准報告。如此一來，便不會因顧問小組嘗試決定是否核准報告，而使研究的進度遭到耽擱（Gibbns,1983）。范代爾與波拉斯（Van de Vall & Bolas,1982）

認為，顧問小組主要用於研究的起始階段（例如問題定義）與研究結束時（如建議）。則研究程序間的延宕將可因此而減到最低。最後，卡特和柯辛斯基（Carter & Kosinski,1981）建議，只有在時間緊迫的情況下才使用專案小組（將對話限制於實際討論上），再者，便是該工作有必要、清楚的，而且有潛力產生有用結果的情況下，才使用專案小組。總之，這些建議應可協助研究人員選出一組適當的調查人員，來參與並致力於一項有價值及有效果的政策研究。

## 練習

1. 再檢查圖 3.1 中，描述貧民窟孩童營養不良原因的兩種模式。什麼類型的利害關係人會支持那一個模式？為什麼？你是否能舉出一種使兩種模式達成共識的方法？
2. 發展一個初步模式，描述學生被大學退學的可能原因。要注意的是，此模式應該詳述定義、假設、價值觀、以及預測的原因。
3. 假如你正準備進行一項政策研究，其目的為降低大學的退學率。以第二題所發展出的初步模式，依序完成列出研究問題的四個步驟。

# 4

# 技術分析

　　本章將探討一研究的技術分析所包含的一些活動。並為變數的操作化，研究方法的設計，分析的進行，以及結論與暫時性建議的發展等提出一些準則。

　　在政策研究的準備與概念化之後，政策研究程序下一階段的工作，是對社會問題的技術分析。技術分析是指，對可能引發社會問題的因素進行檢驗。而分析的結果為因果因素的確認。從這些結果，可以提出暫時性的建議，以減輕這些因素對社會問題的影響。

　　技術分析所包含的各個步驟，為政策研究程序中，與傳統研究程序的步驟最為類似的一個階段，包括變數的操作化、研究方法的設計與執行、分析的進行、結果的獲得、以

及結論的草擬。雖然有許多明顯相似之處，但做為政策研究與傳統研究程序的一部份，執行這些步驟時，二者卻有不同的重點與關切。因此，以下將對政策研究程序的技術分析階段作深入的描述。技術分析之四個主要步驟分述如下：

1. 變數的操作化
2. 研究方法的設計
3. 分析的進行，以及
4. 結論以及暫時性建議的發展

## 變數的操作化

在政策研究程序中，本階段應已列出一組研究問題，是有關所選出的可塑性變數，對社會問題所造成的影響。既已提出了研究問題，政策研究人員就必須將可塑性變數加以操作化；意即，根據特定的可測量指標來定義變數。這些用於研究問題中的變數，也許就像「經濟穩定性」一樣的模糊和意義深遠，或者像「學齡前孩童的智力測驗分數」那般狹隘的定義。因此，變數需加以操作化的程度，會因研究問題的特殊性而不同。

對每一個必須加以操作化的變數而言，研究人員首先應該精確的定義此一變數。接著，根據定義選擇特定的指標以測量此變數。例如，世界銀行針對低度開發國家教師訓練的

研究（Husen, Saha, & Noonan, 1978）中，教師訓練的程度需要予以操作化。研究人員將此變數定義為，「教師檢定或能力水準，由『官方』證書認定的程度」。依此一定義，選定了下列的指標：在校年數、教學證書的擁有、教學經驗、認知能力以及薪資。

　　雖說變數的操作化，似乎是一個相當直接的程序，但是在政策研究中，這個程序卻可能充滿困難。首先，變數也許無法直接加以測量。缺乏可測量性的原因可能是：（a）研究的時間限制（例如，要顯示出經濟穩定性的變化，可能需要數十年的時間而非幾個月）；（b）變數的概念特質（例如，「種族包容」是不易操作化的）；（c）變數的政治敏感性（例如，從墨西哥非法移民進來的程度，並不是目前可精確測量出來的變數）。

　　第二、該變數或許不存在普世所接受的單一度量。例如，測量高齡者的貧困，會造成一些特殊的問題（Girshick & Williamson, 1982）。對某些資訊使用者而言（例如，聯邦政府），貧困是完全根據實際賺得的收入來定義的。但是，對其他的使用者而言（例如，威斯康辛大學的貧窮研究機構），他們卻認為貧困的測量方式，應該是實際收入以及各種福利的非收入來源。而這類的來源包括淨值或人力資本。再者，實際選用的測量方法，也許有政治考量。例如，社會安全部門被控，故意以降低貧困人數的方式來定義貧困，使其在政治上可被接受，但不是在全民福祉上可被接受（Girshick & Williamson, 1982）。

　　在政策研究中，變數操作化的最後一項困難，可能發生

在必須以一套複雜的不同指標，才能適當的對一個變數進行測量。例如，一心智健康中心的效能，可能要借由一系列複雜的指標，才有辦法測量出來。這套指標包括員工士氣、顧客滿意度、中心的競爭生存與成長、社區對中心的認識與支持、顧客在心智健康上的改善、以及服務所帶來的成本效率。

要處理這些變數操作化的過程中所面臨的困難，有一些方案可供政策研究人員選擇。對那些無法直接測量的變數，政策研究人員應該考慮使用代理或替代指標。替代指標為可以合理代替預期概念的度量。根據定義可知，替代性指標無法提供對變數的完整評估；但是使用這些指標，可提升對所關心的現象之局部評估。例如，評估「一個社區的種族包容力」時，其替代性的指標可能包括：社區中不同人種團體的失業率，對隨機選出市民的種族態度調查，社區中的公司之正面行動政策，社區中的學校與居民志願種族隔離的程度，或是受人尊敬的社區領袖與專家的評價。不論是個別或是全部，這些指標中，沒有一個指標能夠提供對「種族容忍度」完整的評估。但是，這些指標對於描述變數的重要面向，卻提供局部的替代。

在使用替代性的指標上，研究人員必須牢記的是，使用這些指標對於研究結論的限制。例如，如果單從人種次級團體的失業率來測量種族包容度，其結論將局限於對包容度的狹隘詮釋上。因此，所提出的建議將須有說服力，才能將研究結果應用於更廣義的包容度概念上。

克服變數操作化的困難，另一個方法是對每一個概念（Campbell,1969）使用多重指標。使用多重指標，會使研究

具有多構面的本質。此外，多重指標可用於檢驗因果因素所產生的各種效果。而使用單一指標的研究其風險為，可能只報導一些沒有價值的關係，因而所產生的洞見極少。最後，採用多重指標尚有一額外的優點即，對於社會問題，提出互相衝突模式的不同陣營，所偏好的指標可以納入。例如，視污染為經濟問題的利害關係人，可根據經濟變數測量環境品質，因為；關心健康品質的利害關係人，可根據健康標準測量環境品質；重視環境美觀與藝術特質的利害關係人，可根據主觀的美學標準測量環境品質。在這些對環境品質的不同觀點下，若能將屬於各個觀點的指標納入研究中，則可提昇此研究對廣大使用者的訴求與可信度。

在變數操作化的潛在困難下，指標的選擇更應該特別謹慎與仔細思考（例如，愛德華對於尺度的效度及信度有詳細的探討）。指標應該儘可能的提供對變數最接近的近似值。當指標在某方面偏離變數的原始定義時（例如使用代理指標），這些偏差影響研究結果的程度，應被完全了解。尤其身為研究員，必須提出研究的結果與建議時，這種了解將是必要的。

# 研究方法的設計

充其量，政策研究只是取捨與妥協而已。因為他們所處理的，有時是決策者的野心問題，而非學術人員的問題。政策研究人員經常發現自已處於現有社會科學方法論的邊緣；隨著研究的進行，一邊進行調整、結合，以及即興創作。（Smith & Robbins, 1972, p.45）

由於政策研究是在研究方法的邊界進行操作，因此，並不存在單一綜合的方法，可供進行政策研究的技術分析（Coleman, 1975）。也因為沒有單一方法的限制，因此研究人員便可在社會問題的技術分析上，自由的採用各種不同的方法。例如，在對三百個政策研究進行檢討後，潘蜜拉‧多提（Pamela Doty, 1983）找出兩個不同的方法，供進行政策研究。第一個方法，她稱為道德／哲學方法。此方法的特色為'思考片段'，選擇性的集合和合成理論性文獻、資料、以及各種不同來源的現有研究發現，以支持一論點或論文。相對於道德／哲學方法的則為實證方法，此方法強調資料的收集與分析，而非詮釋性的合成。雖然這兩種方法並不相互排斥，但在研究中同時採用兩種方法的情況卻很少見。

多提(Doty)將研究方法區分為兩大類特別值得注意，因為它提醒研究人員，技術分析，絕非只是單純收集與分析數量化的資料而已。對於資訊的論證及理性的加以詳細檢查，在從事社會問題的技術分析中，均具有相等的重要性

（Majone,1980）。事實上，多提(Doty)所提出的重要議題，是所有身為實證性社會科學研究人員所必須面對的。多提(Doty)的看法，換言之，即：不要只問進行相關政策的科學研究，其適當的方法是什麼，也許我們首先該問的是，是否社會政策的研究必須是完全的科學研究；意即，政策研究是否也可以包含價值、目標、以及假設的論述呢？一位受過傳統研究方法訓練的研究人員，是無法接受此種論述的。相對的，在比較不受科學控制所影響的環境中工作的政策研究人員，則必須考量這種替代方法。

## 技術分析的方法

由於政策研究不存在綜合的研究方法，因此研究人員必須了解各種不同的方法，以便選擇性的將其應用於特定的研究問題。在本節中，我們將挑選一些可用於政策研究的方法並簡單的加以說明。讀者應該明白，並不是所有的方法都適用於每個研究背景或問題。例如，有些方法需依賴已經存在的資訊（例如，焦點化的合成）。這些方法可能最適用於時間急迫而現有資訊又可靠時。其他方法則涉及資料的收集（例如，調查）。當需要以新的資訊來產生新的政策方案時，這些方法較為適用。最後，還有一些方法最適用於存在一些替選政策方案時（例如，成本—效益／成本—效能分析）。這些方法可協助研究者在受評的替選方案中，選出最適的政策。

焦點合成法(focused synthesis)。一種從事政策研究的方

法稱為「焦點合成法」（Doty, 1982）。以「焦點合成法」的研究方法進行研究的一個例子，為國際發展局，對開發中國家農村用水供應問題的研究（Burton, 1979）。此政策研究的工作為：

> 根據：一份最新可用的調查及可取得的文獻；個人過去五年在非洲與拉丁美洲的田野經驗；以及與羅絲機構(Ross Institute)、設立於海牙的社區水源供應國際參考中心、世界健康組織、英國海外發展部等單位相關人員的討論（Burton, 1979, p.5）。

合成這些資訊來源所得到的發現，產生了一些政策建議，可供改善開發中國家農村社區的水源供應。

焦點合成法有點類似傳統的文獻檢討，即選擇性的對書面資料，及與特定研究問題相關的現有研究發現進行檢討。但是，焦點合成法與傳統文獻檢討不同之處，在於它所探討的資訊是來自不同的來源，而不只限於已出版的文獻。例如，一典型的合成可能包括，與專家及利害關係人的討論、國會的聽證會、軼聞故事、研究人員個人過去的經驗，未出版的文件、幕僚人員的備忘錄、及已出版的資料。

焦點合成法與傳統文獻檢討的另一差異，為二者之目的不同。文獻檢討傾向於只對一些研究加以描述，以及找出需要進行更多研究的缺口或範圍。偶爾可能會以較不正式的方式（例如，使用演繹推論）來進行，諸如後設分析(meta-analysis)（Rosenthal, 1984），或者合成等這類的方法。

而焦點合成法通常會對來源加以描述，各種資訊來源的使用，只限於他們對整體合成的直接貢獻而已。

　　焦點合成法與傳統文獻檢討最後的一個不同點，在於他們獨立使用的程度。傳統文獻檢討大都用於做為一研究之前導或背景。借由文獻檢討所找出的缺口，可能會以後續的資料收集工作來加以填補。相對的，焦點合成法則傾向單獨於技術分析中使用。而合成的結果也就是政策研究的結果。所提出的建議，完全由合成的資訊所導出，而無需收集初級資料（primary data）。由於所提出之建議完全以焦點合成法所使用的資料為基礎，因此，政策研究會受制於資料的可用性與時效性。然而，焦點合成法優於其他的方法在於，它可以用適時而有效率的方式去執行。

　　次級資料分析(Secondary analysis)。另一使用現有資訊的方法，稱為次級資料分析。這種方法是目前解答政策研究問題，最具成本效率的方法。

　　次級資料分析是指對現有資料庫的分析與再分析。這種分析可能包括各種適合的統計程序。例如，唐·坎貝爾（Don Campbell, 1969）對康乃迪克州九年間，死亡交通事故的分析。藉著取得車禍事件的公開檔案，並加以分析，研究人員可以確定壓制超速行車新方案的效果。

　　統計程序有一些不同的種類，包括評估非常簡單的兩變數關係，以至預測未來複雜行為的塑模。魯特林格與席洛斯基（Reutlinger & Selowsky, 1976）的分析，便是上述第二種分析的範例。在他們的研究中，他們取得一些每人每日的卡路里消耗量資料。利用這些資料，他們發展出複雜的計量經濟

預測模式，以評估營養不良在目前及未來的性質與嚴重性。

　　當然，在有適當的資料庫可用時，才有可能使用次級資料分析法。但如果是最近才被發覺的社會問題（如酸雨的問題），或問題極端不為社會所接受（如亂倫），以及問題太具政治性或複雜性（如逃稅），而使得資料庫的準確性受到質疑時，則適當的資料庫可能難以取得。在這些狀況下，透過從一群不同的資料庫中選出特定的項目，以建立一個新的資料庫，或許仍有可能進行次級資料分析。如果無法完成此種資料庫之構建，則研究人員可能需考慮其他的政策研究方法了。

　　實地實驗(Field experiments)。收集社會問題初級資料的一種方法，是進行實地實驗。在實地實驗中，將會發展出某種類型的干預（interventions），以減輕社會問題。然後，將這些干預於目標人口中執行一段時間後，對於所造成的改變收集相關資料。例如，保羅與葛羅斯（Paul & Gross）對加州聖地牙哥市的就業人口進行一項實地實驗（Guizzo & Bondy,1983）。此實驗的目的在於檢定，以組織發展技術來提昇員工士氣與生產力的效用。此實驗包括，個人訪談、建立團隊的研討會、協商、過程諮詢、以及管理技巧的訓練。將參予實驗的員工分成兩組，其中一組員工接受此項干預，而另一對照組員工及則未接受此干預，透過比較兩組員工之士氣與生產力，研究人員便能夠確定此干預對員工所具有的正面效果。

　　實地實驗有兩種基本類型：隨機化類型以及非隨機化類型（稱為準實驗法,quasi-experiment）。隨機化實地實驗企圖

反映實驗室實驗的要求，這些要求必須使用控制組，對於變數需進行事前測量及事後測量，同時隨機指派人員或單位至實驗組或控制組，指派至實驗組的人或單位需接受干預，而在控制組者則不受干預。

若能適當的加以設計和執行，隨機化實地實驗便能對社會問題的肇因，提供有價值的資訊。實驗的結果將可讓研究人員精確的知道，哪些干預才是肇因，哪些不是。但是，隨機指派人員或單位至不同條件下之實驗組或控制組，在政策研究中並不一定可行。

準實驗法為隨機化實驗之外的另一種選擇，可供檢驗一干預對社會問題的影響。準實法與隨機化實驗間的差異在於，個體或單位並非隨意指派，也不需使用控制組，事前測量與事後測量亦不一定要進行。取消這些隨機化實驗的特性後，研究人員便無法分辨因與果。雖然如此，研究人員仍人然可從準實驗法得到許多資訊。此外，當資料的可用性受到限制、當時間有問題時，或是當已配對（或未配對）的對照組比隨機化控制更適當且成本較低時，尤其適用準實驗方法。準實驗法有許多不同衍生種類，諸如不連續回歸設計、時間序列設計、階段執行設計。坎貝爾（Camphell,1969）以及庫克和坎貝爾（Cook & Campbell,1979）便對這些不同種類的準實驗法提出了極佳描述。

從事實地實驗需考慮的最後一個問題為，政策研究不只是詮釋現有的社會狀況而已，同時也要預測未來的狀況。如果一實驗是在變動劇烈的情況下進行，以致結果侷限於實驗的特定期間，則對未來的預測可能極為困難。在此種狀況

下，另一種方法也許更適於進行政策研究。

質性方法(Qualitative methods)。質性資料的收集，適用於個案研究法以及焦點合成法。此外，還有多種的其他質性方法可供收集初級資料( Palton,1980 )。焦點團體(focus groups)法（Calder,1977）便是這類技術之一，期做法為：將選定的個人聚集成一個團體，然後引導他們對預先指定的主題進行焦點討論。此類團善於開發問題與揭露潛在的因果要素。另一個質性方法—深入訪談(in-depth interview)—為對特定的個人進行一對一的半結構性訪談。在訪問期間以及後續後分析，通常都會紀錄大量的筆記。最後便是參與觀察(participant observation)，即調查人員在過程中，同時擔任參與者與觀察者的角色以收集資訊（例如；公立醫院的急診看護）。參與觀察可為因果要素及初步發現提供珍貴的洞察。值得注意的是，這些質性方法中，沒有任何一項能夠獨自產生「結論性」的結果；但是他們可提供的珍貴資訊，可能是更嚴格的方法所忽略的。

調查法(Surveys)。另一個收集社會問題之初級資料及其肇因的方法，為調查法。調查法會因範圍、內容、以及嚴謹程度而有所不同。例如，一調查可能會包含一系列的質性訪談，訪談的對象為特定目的下所選出的少數幾個人。或者，也可以進行廣泛又費時的調查，以科學方法挑選樣本，以求將誤差幅度降至最低。此外，調查法也會因所用的資料收集方法而有所不同。資料收集可能包括對特定的個人或特定單位的成員，進行一次或在不同時段進行數次的個人訪談或填寫書面問卷。

由於調查研究方法的種類很多，因此政策研究人員在構思一調查時，應該仔細的加以設計。諸如使用樣本母體的管道、問題的用字、執行的可行性、時間、以及成本等方面的問題，都應該在採取行動前仔細加以考慮。有了這些考量之後，政策研究人員經常會發現，只要很小規模的立意抽樣調查，即可適用於政策領域。再者，除非長期使用這些調查於同一樣本，以確定所關心的各項變數之改變，否則，可能難以對社會問題肇因下結論。雖然如此，調查(即使是非常小的調查)也可能為政策制定領域提供有用的資訊。

　　個案研究(Case studies)。另一種收集初級資料的方法為個案研究法。由於個案研究具有快速、成本效率的優點，而且允許對情境作印象式的分析，因此個案研究是經常被使用的政策研究方法。一如里斯特（Rist, 1982）所主張的，個案研究還有一些其他方面的貢獻。個案研究可以用於找出一些行為，以及一些未預期會與社會問題相關的變數。對於母體粗淺的統計描述，個案研究可提供一更深入的分析（例如，雷根總統的統計指出，曾經墮胎的婦女遭遇無法彌補的情感傷害，我們是否會相信？）。藉著在背景中檢視相關行為，可讓我們對情境的複雜性有更深入的了解。個案研究也促使我們可對執行干預或政策行動的程序進行檢視。（例如，國會政策行動會如何改變，當該行動被聯邦政府機構、州政府機構、以及地區性服務方案所干預或調整時？）。個案研究的這項貢獻，對於發展有關未來執行政策方案的建議，特別有所助益。

　　大部份的個案研究在本質上都較傾向於質性

（qualitative）；但是，這也並非不變的定律。（例如，保存觀察或日誌，以便將發生於某特定時期的各種不同行為的次數，有系統的加以量化）。Khanam 和 Nahar （1979）便進行過此類的個案研究，研究家庭成員對時間的分配方式。（有關個案研究的量化方式，請參閱 Yin 的《個案研究》）

　　成 本 效 益 與 成 本 效 能 分 析 (Cost-benefit and cost-effectiveness analyses)。成本效益分析是指研究人員用以比較，各政策替選方案之社會成本與效益的一些方法。在觀念上，成本效益分析是政策研究的一個基石，可供找出能以最低成本產生最高效益的政策方案。然而，事實上，不同政策方案的成本與效益很少能夠如此清楚的被界定或了解，而能夠對他們做精確的分析。不過，成本效益分析確實是一種對政策研究有所助益的方法，應儘可能的加以應用。

　　最單純的成本效益分析形式，是對可歸因於政策方案的效益與成本之貨幣價值進行比較（請參閱 Livin,1975）。根據普通的衡量標準（如貨幣價值）計算出成本與效益，再比較不同方案的相對吸引力（例如，依據投資報酬率，益本比等），這種方式很容易加以執行。

　　政策研究中使用成本效益分析的一個實例，為亨利‧李文（Henry Levin,1975）對水資源計畫的評估。有關水資源計畫的成本，諸如水壩建構與維修，可以輕易的用貨幣價值來衡量。再者，諸如水力發電及農業用水之效益，也可指定其貨幣價值。因此，要從許多可能的水資源計畫中，決定所要執行的計畫時，政府機構只要根據效益對成本的比率，由上而下從頭開始加以列等。

儘管成本效益分析法十分簡單，但很少被應用於政策研究問題上。主要困難在於以貨幣標準對效益進行評價。大部份由政策方案所產生的效益，是無法以貨幣價值加以評估。例如，減少兒童虐待、公平的住宅規範、減輕社會疏離、更好的學校、或是降低安養院死亡率等的貨幣價值是甚麼？雖然這些政策清楚地具有正面的效益，但對於這些效益的貨幣價值卻難以達成共識。因此，在這類政策中，常以成本效能分析取代成本效益分析（Thompson,1980）。

　　在成本效能分析中，仍須計算政策方案的貨幣成本，但政策的效益是根據其實際或預期結果來表示。例如，下列類型的成本效能比率可視為：

- 酗酒者為了達成戒酒，所需之金額。
- 有前科者不再犯罪，所需的金額。
- 為了使人民識字率提昇一定的百分比，所需要的金額。
- 降低嬰兒死亡率一定百分比，所需的金額。

　　在建構成本效能的比率上，所要注意的是，這些比率並未指出政策是否應加以執行。若無其他比率與之互相比較，成本效能比率並不具有什麼意義。再者，就算有一對照比率，政策制定者也不見得就能判定某政策方案具有充分的效能足以擔保其成本（Thompson et al, 1981）。

　　就成本效益與成本效能分析而言，二者均對類似的變數評估成本。成本可能包含直接成本（如人事、設備）、間接

成本（如給非參與者）、以及機會成本（例如，若以不同的方式使用資源，則可能會有什麼結果）。以此種方式來評估成本的一個問題在於，往往會忽略非貨幣成本。因此另有其他方法已被設計出來供評估政策方案之成本與效益。

評估政策方案之成本與效益的另一組方法，包括社會影響評估（Social Impact Assessment, SIA）以及環境影響報告(Environmental Impact Statements)。這些方法的目的，是為了要測量一個或一組政策方案，對於人們、團體、組織、以及社區的影響範圍。社會影響評估的一個例子，是由分斯特布希以及莫茲（1980）所提出的芝加哥跨越城市高速道路之社會影響評估。在分析此高速道路所產生的影響時，便對各種成本進行研究，包括美觀、交通、路線筆直程度、以及較傳統的建築與維修成本。而為了評估效益，包括對就業、都市更新以及財產價等的潛在影響均納入考慮。

為了確保成本與效益能在一共同的尺度上加以測量，每個變數通常被指定一個可接受性的主觀分數；意即，對於政策行動的每一個影響，均指定一個分數，以指出一特定影響可被接受的程度。雖然此分數的可辯護性難以像貨幣價值一樣，但透過對一系列成本與效益的考量，使得這個評估方法的效力增加，也使社會影響評估（SIA）成為政策研究的一種有價值的方法。

評估成本與效益的另一方法，是以決策分析法來進行評估（Mac Rae, 1980；Nagel, 1920）。決策分析方法允許任何人數的專家，在任一共同構面上，指定任一分數給特定的效益及成本。這些分數可能代表對整個人口的重要性，或發生

效益或成本的可能性等構面。有了這些分數,便可計算每一個政策方案的統計期望值。而比較這些方案的各項數值,將可產生出最適政策。這些方法,包括多重屬性效用分析(multiattribute utility analysis)以及成本最適化程序(cost-optimization procedures),因過於複雜,不便於此詳述。簡單的說,他們就是評估效益與成本的方法。

總之,政策研究包含許多不同的方法,供進行技術分析。一項政策研究有可能只依賴對可用資料的焦點合成,或者在可收集到初級量化資料時只依賴調查法。當感覺到質性資料可能更為重要時,就需使用個案研究法或質性方法、或可建立及執行一實際的干預,包括使用隨機化實驗法或準實驗法。若現有資料可用,則可使用次級資料分析法。最後,若研究重視各政策替選方案更精確的效益和成本,則可於政策研究中使用成本效益或成本效能法。

## 設計技術方法之準則

很明顯地,由上述各種方法得知,政策研究人員在設計一研究之方法時必須從許多方法中去挑選。因此,我們將提供下列設計研究方法的準則。

第一,理想的政策研究,是一個結合一些不同研究方法的政策研究,諸如結合調查法與焦點合成法,或者結合個案研究法與次級資料分析法。一個理想的組合,是同時使用質性方法與量化方法(請參閱 Smith & Seashore-Lwuis, 1982)。這種組合具有一些優點,(a)當兩種方法產生確切的結果

時，則研究的知覺效度可提昇，以及（b）提供額外的洞察，這是使用單一方法所無法獨自提供的。

方法設計的第二個準則為，政策研究為一種經驗歸納（empirico-inductive）的程序，在尋求解決方案時會與社會問題產生互動。因此，對於問題，不應採取「正面攻擊」的架勢，在方法上應允許「採取經常性的調整以適應解決問題的互動過程」（Lind-blim & Cohen, 1979, p.61）。這表示，政策研究方法不必事先加以規劃；而應允許有調整的空間。

第三項準則是，政策研究人員應注意，不要「只為了符合個人『喜愛』的研究技術而建構一研究問題」（House & Coleman, 1980, p.194）。方法論應該以研究問題為基礎，而非重塑研究問題以配合個人所偏好之方法論。

第四項準則是，由於一般政策研究的時間和資源受到限制，因此，應盡可能避去免發展原創性工具，以及從事嚴謹的原始資料收集工作。如本系列研究方法叢書中有關次級資料研究（Stewart, 1984）一文所指出的，公開可用的資料數量龐大。如果能對一政策研究的重點稍加修改，以便使用現有資料，則如此的改變或許是值得的。不只是現有資料的使用具成本效率，而且當現有資料中含有普遍被接受的工具時（譬如，生活成本以及失業指數等社會性指標），將可提升研究的知覺效度。那些以原創性工具收集資料的研究人員，就必須不斷的向批評者及研究成果使用者解釋及辯護自己的工具。

為政策研究設計研究方法的最後一個準則為，該方法應該要反映出進行研究所在的社會政治環境。研究方法的設計，應該能夠對於有關研究效度的批評、研究使用者有關於

設計的意見、政治氣候的易變性及可能影響研究結論之社會狀況未來可能的改變等有所反應。能反映環境的四種方法設計如下。

進行一項對環境有所反映的研究，方法之一為，設計一組相當獨立的次研究，每一個次研究都和不同的科學及政治優先順序互相連結（Louis, 1982）。例如，在 1972 年，Abt 有限公司，一家承包研究的公司，對農村實驗學校方案進行一長達七年的政策研究（Herriot, 1982）。此研究具有多重的工作事項，當時預期這些工作事項未來將隨實驗學校方案及其贊助者，在 1970 年代中葉受到越來越多的攻擊而改變。為克服這種複雜性，特別設計一由六個主要次研究所組成的研究來因應，每個次研究都有各自獨特的研究方式（範圍從量化研究以至質性研究），以及不同的分析重點（從個別學童到整個計畫）。在表 4.1 中列出這六個次研究。雖然有必要進行一些跨研究的協調，但每個次研究都有各自的預算及人員編制。在發展具有此種特質的設計時，此研究可對不斷改變的政治優先次序有所反應，而不會一再的中斷。

可對環境加以反應的研究方法之另一種設計為，與研究結果使用者、贊助者、及／或研究顧問小組，討論該設計。這些個體對設計所提出的批評，可供研究人員更深一層的透視利害關係人對此設計的接受程度，而且也可用於改善設計。

可將環境納入研究方法的設計中的第三種方式為，正式地預測環境未來可能的改變，以及這些改變對研究發現的潛在影響。例如，在進行有關社區老人照顧的政策研究之前，

研究人員應該完全的了解圍繞此問題的政治氣氛。如果在短期內，照顧老人之事，可能成為一個爆發性政治議題並導致立法，則研究應設計成可處理此種可能性。而當政治氣氛以所預測的方式變動時，則此研究將已完成準備並擁有相關資料。

設計具環境敏感性的研究，最後一種方式為，著重於那些對短期環境變動極不敏感的變數上，以維持在研究期間及其使用上的穩定。一項針對青少年懷孕的研究，若焦點置於問題的解決而非墮胎上，則雖生命權團體之權力會有消長，仍較有可能維持其有用性。

以上所提供的五種準則，將有助於設計一切題且適當的研究方法，以供對社會問題進行技術分析。一旦完成研究方法的設計，研究人員便能以最有效率的方式加以執行。在取得資訊（質性及／或量化）及對其分析之後，研究人員便準備：第一，提出其結果與結論；第二，發展暫時性的政策建議。有關執行這二項工作的準則，則將在本章其餘部份說明。

表 4.1　阿卜特實驗學校政策研究所使用之次研究

---

1.　歷史研究。從社區成立至 1972 年六月份獲選為實驗學校期間，十個農村校區的一組結構化的社會及教育歷史，並增補跨校區的歷史與人口統計分析。

2.　個案研究。一組包含十個自治性及未結構化的民族誌學個案研究，並在學校制度、社區、以及更廣泛的社會文化環境之背景下分析每個實驗學校計畫。

3.　社區研究。整合人口統計、調查、及實地觀察，以考量跨越十

個地區的不同實驗學校計畫，與社區背景間的互動。

4. 組織研究。整合問卷調查與實地觀察，以描述每一地區的實驗學校方案，並找出在方案規劃、設計、執行、以及超過聯邦資助期間的維持等各方面，有所不同的原因。

5. 學童研究。整合問卷調查、對調整後標準化檢定的研究、以及商業性調整後的檢定，以找出參與實驗學校方案，對學童認知與情感行為所造成的影響。

6. 特殊研究。一開始時未加指定的額外研究，最後包含（a）一項對農村教育者及政策制定者的資訊需求，以及方案優先次序的調查，（b）一項對在聯邦層次執行實驗學校方案的社會學個案研究，（c）五項對實驗學校方案之結構化迷你個案研究，（d）一項對八個已完成的個案研究進行的交叉個案分析，及（e）合成農村研究所屬各次研究的重要發現。

---

# 結果與結論

　　在從收集到的資訊中獲得結果與結論的過程中，研究人員會進行許多控制。因為通常所收集到的資訊，要比能迅速傳達給決策者的資訊多，因此研究人員便須決定那些資料要接受分析，以及用哪種方法分析。在此，提出一些建議，以協助政策研究者獲得最可能引起政策注意的結果與結論。

　　第一個建議為，將結果予以結構化，使其能以最簡單的方式呈現。雖然，研究成果使用者通常都想充分的去瞭解研究的結果，以便能進行嚴格的評估，但一般而言，這些使用者對於統計數字所知並不多。因此，政策研究人員必須取得

容易為「外行人」所了解的結果。根據研究問題的複雜度，有兩種方式可以達成上數目的。首先，研究人員可決定只進行容易被了解的分析，諸如，交叉列表、t 檢定、以及相關分析。以這些方法所獲得的結果，通常很容易向大多數人來解釋。

但是，除了使用「t 檢定」及「相關分析」外，有時候，需以更複雜的統計程序（如，log-linear 分析,多變量變異數分析, Box-Jenkins 的時間序列，或是 LISREL 因果模型）來瞭解變數間複雜的交互關係。在這種情況下，應先以較複雜的程序對結果進行分析。再將此分析所得的主要發現，進行較簡單的分析。例如，使用一複雜的統計技術，如 log-linear 回歸模型，發現，十二個變數中的二個二分變數，足以解釋一個體取得糧票的決定。並非於此結束分析，你應將此二顯著變數與應變數配合，去進行一系列的交叉列表，這要比 log-linear 分析更容易解釋和了解。當然，你可能應說明，雖然已完成 log-linear 分析，但是所提出的結果並不需如此複雜。

使用結果與結論的第二個建議為，對每一分析所得的發現，評估其政治與統計的顯著性。除非此發現同時具有政治與統計的顯著性，否則它可能不值得一提。

為了評估一發現的統計顯著性，研究人員必須建立他們認為能代表該發現是可信且可複製的顯著水準，在建立此水準時，不需受制於傳統的 $0.05\ \alpha$ 的水準，由於政策研究的主體通常是複雜而且對其瞭解極為不足，因此就算未達到 0.05 的顯著水準，這些發現仍可能具有統計顯著性。在某些研究

中，一些發現具有百分之 85 至 90 的發生機率，就政策目的而言，這已足夠健全了。

除了評估統計顯著性之外，研究人員還須要對他們的發現，進行政治顯著性的評估。若這些發現指出一結果是採取政策行動的根據，則這些發現便具有政治顯著性。具有統計顯著性的發現未必就具有政治顯著性。例如，假設你發覺，使用氟化物的兒童其蛀牙現象比未使用氟化物的兒童低（在 0.05 的顯著水準）。現在又假設這兩組孩子的差異，轉換後實際上是每年少蛀十分之一個洞。換言之，需使用十年的氟化物之後，兒童才會少蛀一顆牙。此發現或許還不夠顯著到需要採取政治行動，如果該行動會有政治成本。因此，真正應重視的是同時具有政治與統計顯著性的發現。在評估一發現的政治顯著性時，研究人員將需依賴他們自己的或者是利害關係人的政治經驗。

使用結果與結論的第三個建議為，結果的陳述應該伴隨著一個信賴的限度（意即，信賴區間）。信賴區間是指一個範圍，在該範圍之內，某一特定的統計是可被相信的。除了對結果的陳述指定信賴限度外，研究人員應儘量使用其他的方法，來對一結果的信賴水準加以量化。例如，當研究問題牽涉到各種替選方案或行動間的比較時，在結果中應指出一方案優於其他方案的程度。當然，任何諸如此類的數量化都可能有點主觀，但是，這種陳述相對於敘述性和複雜的比較而言，更容易被理解和記憶。

使用結果與結論的第四個建議，在某些人看來是一種倫理問題。針對政策研究人員的倫理原則，史道特‧南格（Strant

Nagel）提出以下建議：

> 政策研究人員有義務將他們的結論提交供進行
> 敏感度分析，使他們在輸入資料、價值、假設、測量、
> 抽樣、或分析等發生改變時，能決定那些結論會如何
> 隨著改變。（1982, p.433）

　　這種倫理原則意味著，政策研究人員應該深思他們的結
果與結論，以使相關的限制及缺乏適用不同情況和不同方法
的一般性等可以清楚的被了解。這種分析似乎極為有用，尤
其在想要將研究結論概化至收集和分析資料的情況之外時。
　　使用結果的最後一個建議為，當一研究已經產生了許多
不同的發現，而每一個發現都支持此研究結論時，則政策研
究人員應該大力去強調那些最為聽眾所接受的結果。例如，
史道特・南格（Strant Nagel）所描述的一項政策決定（在美
國最高法院的層級），此決定意圖消除陪審團對女性的歧
視。這個案件上到了最高法院，內容是有關州法令允許女性
比男性更容易不參加陪審團的合憲性。一項關鍵的研究發
現，在陪審團中婦女代表權的程度與性別歧視有關。但是，
由於這個發現具有爭議性，因此這些結果從未被用做支持性
的證據。相對的，婦女在陪審團中的代表人數不足與她們所
佔的人口比例有關這項直接的發現，被認為是支持該結論的
有用資訊。
　　值得注意的是，最後這項建議只適用於，當研究人員所
獲得的發現全都指向相同結論的情況。當研究人員獲得互相

衝突或不一致的發現時,應找出不一致的原因並提出適當的結論。雖然無法產生決定性結果的研究,在政策領域並不具有多大的用途,但是一個產生不正確結論的研究,對政策研究之可信度所造成的傷害遠超過結論不確定的研究。

從這些使用結果與結論的建議中可以明顯知道,研究人員在選擇據以提出結論與建議的結果時,擁有許多裁量權。這個裁量權必須小心謹慎的使用,才能維持研究的效度與適切性。

## 發展暫時性的政策建議

根據技術分析的結果與結論,以及政策研究人員對於社會政治環境的了解,暫時性的政策方案便可被發展出來。這些方案描述了那些可在政策層次所採取的行動,如果研究有結論時。例如,源自於家庭援助計畫的一項實驗性研究(保障貧窮家庭年收入的一項提議性法案),為該法案發展出一些建議(Boeckman, 1976)。這些建議如下:

1. 保障收入應該完全聯邦化;
2. 法案應該納入糧票條款;以及
3. 在計算收入的支付額時應該根據短期家庭收入的變動做調整。

在發展暫時性政策建議時，應該使用研究結論以外的資訊來源。尤其，研究人員應該要使用，在準備政策研究時，所獲得的社會政治背景方面的知識。可供補強這些初步知識的是，在技術分析的過程中所獲得的有關於背景的資訊。在完成分析之後，政策研究人員將可以獲得大量的知識，這些知識是有關應用結論所在的背景之相關知識。這些知識將被用來發展兼具政治與文化適當性的暫時性建議。

政策研究的目的，在於供政策制定者各種不同的方案，以協助減輕社會問題。如唐‧坎貝爾(Don Campbell)所倡導的，一個實驗中的社會其關鍵為，研究人員「清楚知道一個既定的問題解決方案，只是政策制定者所倡導的眾多方案之一而已」。為支持此目標，所發展的建議便應該顧及可尋求的各種不同政策行動。例如，為改善酸雨問題所提出的建議，不應該只著重單一的解決方案，諸如減少工業排放量。從結論所產生的替代行動或補助行動，也應該予以建議。

此外，與時機有關的替代建議也應被提出（譬如，除了在長遠的未來才能完成的活動之外，對目前可立即可完成的活動也可提建議）。最後，根據所使要用的政策機制也可提出替代的建議。例如，透過行政法規及資源分配以解決一社會問題的方法，均可同時加以提出。唯有藉著提出一些不同類型的行動，讓政策制定者能從中挑選出一些最適切符合政治需求的方案。

在本節中，我們已討論了暫時性政策建議的發展，這些建議被視為是暫時性的，是因為他們主要是從研究的結論所產生，其次則來自以較為非正式，非系統化的方式所收集到

有關社會政治氣候的資訊。雖然大部份的研究都在此結束，並提出這些暫時性的政策方案以做為最後的建議，但我們強烈的相信，政策研究人員的任務並未就此結束。因為，必須對政治環境做更有系統的評估，以決定各種原始方案之精確可行性

除了確定各個建議的可行性之外，也只有對政治環境有了全盤的了解後，政策研究人員才能提出建議以集合政策方案背後的支援。在過去，研究人員總是被動的接受政治環境是不可改變的。然而，在此情況下，研究人員會承擔環境可能不支持將任何一個建議付諸執行的風險。為了將此可能性降到最低，我們建議政策研究者，將研究所產生的建議，以及調整政治環境以支持其建議的主張相互結合。我們相信，只有提供這些主張，政策方案才得以妥適的執行，而社會問題的解決方案也才會出現。在後續各章中，我們所要探討的是，分析環境以產生可執行的建議所包含的活動。

## 練習

1. 列出下列變數的指標與替代度量：
   * 環境品質
   * 公立學校的教育品質
   * 一社區的種族包容力
   * 福利領受者的生活品質

2. 準備一大張紙，將下列的表格繪上，然後填滿空白欄。

| | 優點 | 缺點 |
|---|---|---|
| 焦點合成法 | | |
| 次級分析 | | |
| **實地實驗** | | |
| 質性方法 | | |
| 調查法 | | |
| 個案研究 | | |
| 成本效益／成本效率分析 | | |

3. 選擇本章所述之七個方法中的五種組合（譬如，實地實驗與個案研究）。每一種組合，分別說明你會使用此種組合的一般狀況，舉出一個例子，說明其優點，以及潛在的困難。

4. 列舉出政策研究過程中進行成本效益分析的五種困難。並針對每一種困難，至少指出一種克服之道。

# 5

# 研究建議的分析

本章將探討研究建議的分析，內容包括：執行參數的分析；建議的潛在後果之評估；估計建議可被適當執行的機率；以及最終建議的準備。

從技術分析所得到的結果，為已發展出來的一組結論及暫時性政策建議，我們期待以這些結果來協助減輕社會問題。到目前為止所完成的工作，將使政策研究人員覺得相當的確定，認為只要妥適的執行這些政策建議，將可有效的達成所企求的目標。然而，「光說某些事情需要完成，而卻沒說要如何執行，這是一種卸責的行為」，對此，社會科學家們經常感到內疚（Wildavsky, 1979, p.126）。在此且引述保羅・巴哈瑞奇的一段話：

> 過去一直阻礙社會科學家，在努力想要解決的人口過剩、都市衰退等問題時的一個疏忽，在我看來，就是對政治力量不夠注意……社會科學家已無法認真的思考一公共政策問題的表示方式，以及所建議解

決方案的本質以作為產生及安排：承諾、公開支持、潛在或現有團體的權力資源等的工具，如果適當的加以激勵，將有助於在權力分配方面引發變革，以確保採用有意義的政府政策……對分析師而言，未將政治策略當作是問題不可缺的一部份仔細加以檢驗，則有失做為一個學者所應負的責任。

　　在發展研究建議時，應考慮下列政策研究的基本原則：在發展政策建議時，除非明確的將社會、政治、以及組織等各方面的背景納入考慮，否則這些建議無法充分的加以執行，以達成期望的結果。

　　未考慮這個基本原則的一政策建議實例為，1970年早期所提出的一項政策，用以處理貧戶不良生活條件的問題。此政策建議一套住者有其屋方案，由政府保證低利率抵押貸款。此政策行動希望藉由擁有房子的方式，來提昇貧窮人民的自尊，鼓勵對住宅給予更多的關注，創造一更快樂、更具生產力的社區。然而，此方案最後以失敗收場，並未達到期望的。雖然失敗的理由很多，但是主要的原因在於政策未能考量到執行該方案的背景環境。但採用民營不動產業，導致誘因間彼此互相衝突。不動產仲介公司想要以通貨膨脹的成本，快速的將房子賣掉；而那些貧戶則希望有足夠的時間和協助，以做出正確的投資決策，並以低成本購買房子。沒有政府的干預以保護貧戶，幾乎無法期望此方案會成功。因此，如果在政策行動之前考慮到該社會背景，則更為成功的方案可能已成功的被執行。

為了確保研究建議能反映出社會政治考慮與技術考量，應將有關分析研究建議的工作予以納入，以做為政策研究程序中一不可或缺的階段。這些工作是在技術分析之後進行的，而非在技術分析之前進行，因為至此，技術資料可為這些建議提供一個可信的基礎。雖然可能需要對這些建議進行修正，以確保可以執行，但是至少這些建議的基礎是可以和實證研究互相結合。然而，如果有必要的話，本章所說明的小型分析，可以在更早的時期完成，以便對可行建議的了解。

　　對研究建議的分析包括下列工作：

1.　研究建議中所包含的執行參數之分析；
2.　建議的潛在後果之評估；
3.　建議可被適當執行的機率之估計；以及
4.　最終建議之準備。

　　以上每一項工作都將於本章中分別加以討論。


## 執行參數的分析


　　為了確保政策建議是可行且可接受的，對於各項建議的執行所包含的利害關係人及組織參數的分析，均應加以完成。而進行這種分析的相關資訊，則須藉由對利害關係人、

有關主題的專家、具有相關經驗的個人、以及可能負責執行的機構等,進行相當結構化的訪談。這些訪談應該加以結構化,以便獲得下述參數的資訊。

## 利害關係人的分析

如第一章所探討的,政策制定的一個特性為,在任何既定的時點下,公共政策是各種衝突利益間的平衡或妥協。意即,「政策會隨著獲得影響力的團體所期望方向移動,而遠離失去影響力的團體所期望方向」(Dye, 1978, p.24)。因此,影響一個建議付諸執行之機率的一個基本參數,為該建議中相關利害關係人之權力結構。借著進行權力結構的分析,政策研究人員所嘗試去回答的問題是:在什麼情況下,大多數具權力的利害關係人會接受所提出的建議呢?

為了進行利害關係人的分析,研究人員應從列出利害關係人的名單開始,並將此事當作是準備工作的一部份(參閱第二章)。在進行研究概念化與技術分析的過程中,所找出的其他利害關係人亦應加入此名單中。至此,這份名單可能會變得很長。例如,賴利·韋德(Larry Wade, 1972)便收集了一份加州 51 個非常反對以街道稅,捐助政治競選活動的組織名單。這些組織包括從提供 125 元的柏油服務公司至捐出 50,000 元的殼牌石油公司等。儘管有許多組織在韋德的名單中,但決策者、擁護課稅者、受影響的公民、以及未捐款的利益團體,都不在名單之中。

由於政策研究者,在政策研究程序中的較早階段,所收

集到的利害關係人名單，都有可能如偉德的名單一樣冗長到難以管理，因此，如果可能的話，這份名單應該予以縮短。有兩種方法可供縮短名單，一為將態度和動機相似的利害關係人加以編組，一為將範圍縮小至只保留那些具有最強大利益的利害關係人名單（譬如，以其競選獻金之多寡為定）。一旦這份名單被縮短之後，下一步便是將對政策建議的執行負有最後決權定的利害關係人（如，國會議員），以及試圖影響決策的利害關係人（如，產業、公民）加以區分。

區分出決策者與影響者之後，研究人員需查明那些企圖影響政策決定的利害關係人所擁有的權力。利害關係人的權力可根據下列三個構面加以定義（Doty, 1980, Dye, 1978, Etzioni, 1976）

- 利害關係人可用資源的數量；
- 利害關係人動用資源的能力；以及
- 利害關係人接觸決策者的管道。

資源的數量是指利害關係人可用以影響政策決定的財富、政治手腕、成員規模（意指，利害關係人的組織所代表的人員數量）。可以利用的資源類型包括金錢、義工、合約、資訊，這些，都是決策者在持續進行一特定的研究建議時，可能認為有所助益的。

動用資源的能力為權力的第二個構面，是指內部凝聚的程度、共識的程度、以及為某一行動而將利害關係人的機構中之成員加以組織起來的領導能力。由強勢領導者所領導並

具有堅定成員的高度集權化團體，會比其他的利害關係人更具影響力。

最後，接觸決策者的管道，為權力的第三個構面，是指在沒有其他人干預下，利害關係人獲得機會直接與決策者分享資訊和意見的程度。接觸管道通常是可以根據，介於決策者與利害關係人之間的把關者人數，以及決策者會見利害關係人的意願和興趣來加以測量。決策者越願意對利害關係人傾聽，則利害關係人對任何既定之決策的潛在影響力便越大。

集合這三個構面將可顯示出利害關係人對決策者的影響力量。根據此方式，利害關係人可被視為研究建議之可執行性的重要決定因素來加以分析。團體是有影響力的利害關係人，其中一個例子為完全公立學校基金家長聯盟——一個擁有 800 個成員的華盛頓區家長團體。這個在華盛頓區被公認為具有強大的遊說力量，迫使特區議會增加公立學校的資金（Washington Post, 1983b）。一項對他們成功的遊說成果的分析中，華盛頓郵報指出，他們的成功來自他們有效的利用他們的資源，強勢領導能力，以及接觸議會成員的管道。他們的活動包括，發佈一份概述預算刪減後果的事實單據，會見市議會成員以討論預算，將議員的姓名、電話以及公聽會的日期郵寄給當地的市民，並出席當地的電視台以為他們的努力號召支持。這些活動已使他們成為「一個具影響力的組織，為了在本會計年度實質的預算增加而奮鬥」（Washington Post, 1983b, II p.B3）。

確定了每個利害關係人的權力之後，分析利害關係人的

下一個步驟，為評估每位利害關係人對研究的政策建議之意見。利害關係人會支持或反對此建議？為什麼？姑且不管利害關係人對於最後決定的影響程度有多大，這些問題的答案將可提供一些寶貴的資訊，這些資訊是有關該建議的預期支持水準。

一旦每位利害關係人的權力和意見完成評估之後，在所提建議背後的權力結構之圖像便可加以構建。權力結構是對所提建議之相關利害關係人的本質、力量及結合方向的一種描述。尤其是，權力結構提供一有關利害關係人四大特性的資訊合成。

1.  關鍵利害關係人的辨識；
2.  利害關係人支持或反對該建議的方向；
3.  利害關係人相對於決策者的權力地位；以及
4.  在已知利害關係人的權力與意見下，關鍵決策者對於建議之執行可能的支持。

要看清權力結構的一簡便方法為，便是利用向量圖。圖5.1 為一假設向量圖的例子，描述一簡化的權力結構。在這個圖中，國會委員會的議員被定位為關鍵決策者，並受到八個利害關係團體不同程度的的影響。每一利害關係團體對關鍵決策者的影響力或權力，在圖中是以利害關係人與決策者間的相對距離來代表：利害關係人與決策者的距離越，表示利害關係人的權力越大。就假設圖的例子而言，醫學社群是目前最具影響力的組織，其次為 HHS（美國健康及人類服務

部門），以及道德團體。

再者，在繪製權力結構時，也顯示出每個利害關係團體對建議的不同支持或反對程度（以十或一的符號表示）。在假設的例子中，各反對團體均對建議有強烈的反對，而四個支持團體中有一個只給予冷淡的支持。

借由構建所提建議背後的權力結構，研究人員可以開始評估：建議將會有充分的政治支持並可妥適執行的可能性。圖 5.1 中的假設例子中，對建議的反對十分強烈，而且反對建議的利害關係人也對決策者運用極大的權力，以致決策者也許會選擇不執行建議方案。

如果對權力結構的初步評估顯示，支持的程度可能不足以去執行（正如同假設的例子），則研究人員就得開始考慮其他方法，以改變利害關係人或者建議，以提昇政治支持的程度（Seidl, 1978）。在本章的最後一節，我們將提供一些進行這些改變的建議。

## 組織參數的分析

要決定一建議是否能被妥適的加以執行，則分析該政策建議所涉及的利害關係人，無疑是一件重要的事項。但重視權力而忽視組織，可能會承擔一種風險，即開始進行一項不能引起持續結構性變革的象徵性改革工作（Doty, 1980）。因此，對一建議被妥適執行的可能性有所影響的組織參數，也應加以分析。

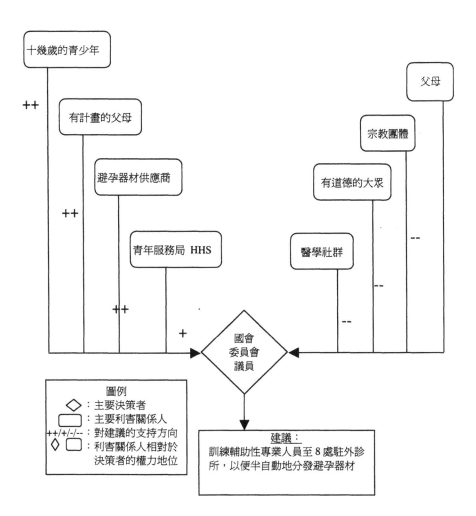

圖5.1－政策建議之假設權力結構

進行這種分析，包含對下列三項組織參數的評估：

- 執行的組織結構，
- 執行所需的資源數量，以及
- 鼓勵執行所需的政策機制。

每一種參數在不同類型的建議中將以不同的方式加以介紹。一項涉及對各學校分配資源的建議，可能必須有大量的資源，當地學校的合作，以及一個運作公平而有效率的層級式分配系統。另一方面，一項對學校要求最低績效標準的建議，則需較少的現金支出，但卻必需有實質的組織承諾，以確保對新標準的遵守。儘管那些建議將會需要實施不同類型的組織參數外，但對那些參數的分析也可用同樣的方式來完成。因此，以下將介紹進行組織參數分析的準則。

第一個參數：組織性結構。是對於組織或管理建議之執行的組織，在結構上描述。對於組織的描述應該包括類型、規模、需被納入的組織數量，以及他們在職權和控制方面的層級分配。例如，目前已廢止的社區發展綜合補助款法案，是一項撥款給地方社區以興建一般房舍的建議，執行該建議的組織結構包括，國家住宅都市發展部門，州立以及區域性的機構，市政府，以及地方社區團體等。此外，就這類建議而言，在較低層次的階層將有相當的自主權；以致地方社區所執行的，可能與國家住宅都市發展部門層次所要的不同，如某政策研究中心的主管所說的，「中央機關往往沒有注意到，一項行動建議在地方機構可能需要作相當大的改變

（Nagel & Neef, 1978, P.17）。因此,在分析一研究建議時,組織的類型以及隨指揮鏈而下行使自主權的程度等,都是影響建議照本意執行的可能性之重要因素。

分析一研究建議被執行的可能性中,第二個組織參數為執行時所需的資源數量。這些資源如財源、人員、資本需求、以及物料等,都應加以評估。對這些執行所需的資源評估後,應與組織或負責執行的組織目前所擁有的資源進行比較。例如,如果執行人員所需的專業技術高於負責執行建議的組織,目前的員工所具有的專業技術時,將嚴重妨礙該建議之適當執行。

在評估一研究建議之執行機率時,應予分析的最後一項組織參數為,確保適當執行所需的一組政策機制。如第二章中所述,在政策中可以包含一些機制,以達成他們期望的目的。這些機制可能只是在提供資訊,或是鼓勵他人從事研究發展。這些機制只是在求目標群眾的注意。

政策機制也可以對目標群眾提出更高的要求,諸如法規的尺度,財務誘因級抑因的分配以鼓勵期望的行為等。在分析這些研究建議的參數時,該建議要求人們改變的程度必須先予評估。然後,可用來達成此種改變的機制,也應分析其可接受性及可行性。

為了說明政策機制的使用,一項用以降低鄉村出生率的建議,便要求群眾改變有關生育控制的態度和行為。為達成這種改變可採用許多不同的政策機制,這些機制的範圍從自行使用避孕用品,以至強迫生育控制的使用（例如,強制不孕、最小結婚年齡、過度生產的懲罰性課稅）。一般而言,

越具強制性的政策機制，被接受的程度越低。但是，有些強制性很高的機制（例如，時速五十五英哩的速限）卻能在大多數的群眾中成功的實施。因此，在評估一特定建議被執行的機率時，應在目前的社會政治環境下，對各種適當的政策機制分析其可行性。

完成了執行參數的分析之後，你將會擁有執行建議時，所包含之利害關係人及組織結構的相關資訊。這些資訊將與另一種資訊結合，以估計該建議被充分執行以達成預期結果的機率。此估計所用的另一種資訊，為對建議的潛在後果所做的評估。

## 預測建議之潛在後果

成功執行一研究建議的一個重要決定因素，為執行建議所導致的一些後果。很明顯的，我們不能等到建議實際被執行之後，才去找出這些後果。因此，這些後果需加以預測。尤其是下列三種預測必需加以完成：

1. 建議所可能產生的計畫性與非計畫性效果；
2. 建議對其他政策與方案可能的互動效果；以及
3. 若建議未被執行時，可能遵循的方向。

在建議一特定的行動方向時，政策研人員之所以會提出

此建議，是想要產生某些效果或後果（例如，降低犯罪率，更公平的住宅規範等等）。然而，除了這些計畫性的效果之外，建議也可能會有非計畫性的效果。例如，糧票方案原來是計畫作爲提供貧民滿足營養需求的一種工具。但是，除了服務貧民之外，糧票也被大專院校學生用做大專教育的一種補貼方式：一種非計畫性的效果（Coates, 1978）。

另一項非計畫性效果的例子，可從檢驗聯邦反貧窮方案中發現。這些方案是設計來處理諸如住宅和工作訓練方面的問題（Horowitz & Katz, 1975）。由於這方案打算給予區域性少數民族團體新的權力，而犧牲具有穩固權力的團體，導致團體之間的敵意不減反增。勞工爲此敵意的癥結。「少數民族團體的成員可加以訓練，以擔任技術性工作。但除非能爲白人勞工創造其他的新工作機會，否則只有取代，並未達到向上提昇的目的。因此，白人勞工會成爲剛完成訓練的少數民族團體之對立者」（Horowitz & Katz, 1975, P.135）。因此，非計畫性後果變得更爲突出，以至建議的原始意圖相形見絀。在這種情況下，妥適執行建議的可能性將降到最低。

必須完成的第二種預測，爲建議對其他政策與方案的可能互動效果。由於政策彼此之間很少各自獨立，因此一建議對其他政策可能造成的互動效果必需加以評估。例如，對薪資與物價編製社會安全稅的雙重指數之建議，比只改變對高齡者的社會安全給付會產生更大的影響。此建議會影響社會安全信託基金的財務穩定性，高齡者的消費型態，以及於社會安全體系相關產業的開銷（Wildavsky, 1979）。顯然，一個對許多錯綜複雜的方案具有潛在影響的建議，比一互動效果

較少的建議需要有更廣泛的支持。

　　最後一項必須完成的預測為，一旦建議遭駁回時，社會體系可能遵循的方向。（Kahn, 1969）。一個需加以處理的問題是，若目前的政策維持不變，對社會問題會造成哪些可能的影響。情況有可能是，在無新的政策或干預的情況下，社會問題將會逐漸自行好轉，使得執行建議的必要性降低。相對的，也許有大量的證據顯示，若沒有一個新的政策，則在可預見的未來，社會問題將會產生嚴重的負面後果。如此不詳的預測，將提供一極大的動力促使執行所提出建議。

　　在進行這三種預測時，政策研究人員有各種可用的工具和資訊來源。可對利害關係人進行非正式的訪談（例如，使用『若....則』敘述），以評估一些後果的可能性（Teune, 1978）。或者，研究人員可將利害關係人納入更正式的評估程序。多屬性效用模式便是這種程序之一，其中包含一量化方法，以組合利害關係人對未來後果的推測（Snapper & Seaver, 1981）。

　　進行預測的另一種正式方法為，在德爾菲程序（Delphi procedure）中納入主題專家（subject matter experts）（Harman & Press, 1978; Moore）。德爾菲程序包括從個別專家取得初步的預測。接著，將這些預測讓專家們分享，然後要求他們對預測加以修正。這個回饋與修正的過程將一直持續，直到專家們之間達成共識。

　　進行預測的最後一個程序是一種高技術性的方法，稱為風險分析（Kratt, 1982）。風險分析，是研究者藉以找出與建議相關的風險；估計傷害的嚴重性；以及決定風險之可接受

程度的一種程序。例如，詹姆斯·代爾（James Dyer, 1982）說明其所發展的一種公式，用以評估建築絕體材料中使用石棉所具有的風險（定義為死亡機率）。雖然風險分析在政策研究程序中具有很大的潛力，但與政策方案有關的風險目前可能無法充份的被了解並加以量化（Fischer, 1980）。

## 估計執行的機率

　　政策研究程序至此，研究人員對於該建議背後，利害關係人的權力結構、執行建議相關組織的組織結構，以及執行建議或不執行建議時，各種潛在的後果等均已有一般性的評估。有了這些資訊之後，研究人員便可準備去估計「執行的主觀機率」。主觀機率是一種有關，一個建議具有足夠的可行性和可接受性，而可妥適的加以執行之機會或可能性的陳述。要注意的是，此機率陳述只關心建議會被執行的機率；而有關該建議若妥適的加以執行時，會發生作用的機率或可能性，則應在提出建議之前就已回答（Sunmans & Sawnders, 1974）。

　　由於是根據研究人員所詮釋的資訊，因此，執行的機率是主觀的。但是，一些正式的程序可協助使主觀的機率估計減少偏差。例如,政治接受度的回歸模式可加以構建（Fischer, 1980），或者，貝氏決策分析工具也可用來將資訊合成為一機率估計（Bunn & Thomas, 1978）不過,正式的程序並非是

絕對必要的，因為就算是以最先進的技術來進行這種機率估計，也不能保證會十分的精確。因此，一個「大約的」估計，例如一建議有百分之二十到四十的機會會被執行，便已足夠了。

除了提供數據以評估特定建議的可行性之外，機率估計還提供兩種其他的功能。首先，這種估計可作為比較各個替代建議的工具。如前面所探討的，政策研究應提出一些不同的行動方向以解決一社會問題。有了這些估計之後，政策制定者便可以決定，相對於其他的建議，哪一個建議最具有執行潛力。此外，這些主觀的機率估計，同時也提供了一個內建的機制，供取得一些有關執行機率及影響成功執行的因素等之經驗。借由機率估計的使用，政策研究人員可以長期評估：他們的機率陳述之準確度、他們不準確的原因，以及未來可進行哪些修正等。

## 最終建議的準備

完成每個研究建議的分析之後，會擁有一組有關建議被妥適執行的主觀機率。政策研究程序的下一個步驟，是根據政策建議的目標來評估這些執行機率。因此，必需回答下列問題：機率是否夠大而足以讓該建議有機會以原計畫的方式去影響社會問題呢？雖然只有你能回答此一問題，但我們建議，機率若低於百分之六十，則答案應該是否定的。

如果你確定執行的機率夠大，則可將初步建議保持原狀。但是，若你不覺得該機率夠大，則有下列三個方案可供選擇。

1. 接受此較低的執行機率。
2. 改變建議的目標。
3. 修改建議。

　　首先，身為一位政策研究人員，你永遠可以選擇讓你的初步建議保持原狀，儘管你認為這些建議可能不會被妥適的執行。你可能被他人指控，未善盡責任；但是，你將不會是第一個或最後一個做此選擇的人。

　　若不接受較低的執行機率，則另一個選擇是，實質上將建議維持不變，但改變其目標。例如，一個原來著重於漸進式變革的建議，實際上也許著重於根本式變革會更可執行（Boeckmann, 1976）。雖然新澤西收入維持實驗原打算處理收入維持方案中的漸進式問題，但大眾與國會的壓力卻迫使該實驗具有重大福利改革方案的特性。目標未必都得由漸進式改變為根本式，或由根本式改變為漸進式。若想執行此變革，則目標也可能由期望執行變革轉變為期望取得對變革的認同（Wildavsky, 1979）。雖然取得共識的目標似乎比實際變革的目標更為節制，但卻更為實際。最後，目標也可能從著重政治活動轉變為著重政治教育。「政治教育是立法程序的一部份，而一連串的挫敗可能是必須的，以便為最後的勝利鋪路，回顧起來這似乎是無法避免的」（Hwitt, 1968,

P.264）？

除了改變目標，或是接受較低的執行機率外，政策研究人員可能偏好選擇修改原始研究建議，以提高他們的執行機率。以下提出三項建議供進行此種修改。

修改建議以提昇其執行可能性的一個方法為，改變各建議相關利害關係人的權力結構。改變權力結構的策略包括，強化支持建議之利害關係人的地位、削弱反對建議之利害關係人的地位，或建立一個支持者的新聯盟。對建議實際所做的修正決定於進行權力結構的改變所選用的策略、為建議取得適當的支持所需要的權力結構類型，以及利害關係人現有權力結構的彈性範圍。例如，當一權力結構中含有堅定的反對者時，可能需要一個強化現有支持者權力基礎的策略。或者，若一權力結構其中的利害關係人之間，在該建議的某些面向上互相衝突，則可能需要讓該建議訴求一組新的利益，以產生一組新的支持者聯盟。

為了根據你所偏好的策略來改變現有的權力結構，你將需對利害關係人提出修改方案，並評估他們的反應。對於該建議的修改也可能需要提出一些不同的修改方案，以便決定哪一個可以達成預期的反應。由於個人所代表的是他們自己或者代表一個團體，因此利害關係人對各種不同的修改所產生的反應，可能難以精確的預測。但是，政策研究人員可根據經驗，去感覺這些適用於不同情況下的各種修改方案。在累積這些經驗之前，以下所提供的四項提議將有所助益。這些提議提出了修改建議的方法，以成功的去改變其他政策研究人員所用的權力結構：

1. 將利害關係人納入修改程序；如此有助於產生對新建議的所有權和支持。
2. 使用吸引利害關係人的詞句和導向重新包裝該建議（Bergman, 1975）。
3. 在建議中強調利害關係人的期望和公共利益間的互利性（Bachrach, 1972）。
4. 改變建議的方向，以引起社會大眾的爭議，加深大眾的關心，並為有意義的行動建立強烈支持（Bancrach, 1972）。

如上所述，修改建議以提高執行可能性的方法之一為，改變建議，尤其是去改變利害關係人之權力結構。而修改建議的第二個方法為，讓所建議的行動方案更具漸進式的本質。由於這類修改所影響的不只是權力結構，也會影響到組織參數及潛在後果，因此這種修改建議的方法，必須與上面所述的方法分開討論。

一般而言，較具漸進式本質的建議，其執行機率要比較具根本式本質的建議來得高；意即，雖然一建議之產生可能是，因察覺到需要對社會結構進行根本的變革，但是，該建議越能與現有政策結合，則所面對的抗拒越少。例如，一個有關提昇女性勞動力的建議，可能與提昇女性社會平等的需求有關，或者與增加技術勞動力的規模以提昇國家經濟生存力的需求有關。借著將建議與經濟問題結合，而非與社會發展結合的方式，使得此建議較不會致招到家長制社會結構的

譴責。應注意的是，建議的目標，不論該建議究竟是與社會發展或經濟發展結合，均是在於提高婦女的勞動力。但是，將建議與一問題結合且不再與其他的問題結合，則可大幅提高執行的可能性。

在修改建議使其更具漸進性時，需記住漸進性的一個連續帶。如前例所述，我們可讓建議看起來似乎只是漸進式的，但仍可達成相同的目標；或者，可將建議修改成極端漸進，以致過度微弱，而無法完成表面的目標（Doty, 1980）。最後，可修改建議，使其所提供的解決方案落於連續帶的中間區域。這些解決方案稱爲「中途之家」，只提供一社會問題局部的解決方案，例如一項建議是對少數民族團體提供房屋津貼，而不重新調整公平住宅概念。雖然這種部局的解決方案無法解決社會問，但卻能在正確的方向上前進。當遇到要在小幅進展或完全沒有進展之間做選擇時，研究人員可能會偏好小幅進展。

有關修改建議以提昇他們執行可能性的最後一個提議爲，改變組織結構以利執行。例如，如果負責執行的組織，由一些相當自主的下屬單位所組成時（如地方社區），則應將建議改寫，好讓一部份的配合性執行工作，沿指揮鏈下放（Berman, 1980）。另一方面，如果該建議需要目標群眾相當的遵守，則應使用適合社區以及所需遵守程度的政策機制。有些政策機制可能需要有完全的強制性，如聯邦稅款的繳納。一種提供財務誘因及其他技倆的功利機制，也可能足以鼓勵進行改變。鼓勵民間產業進行研究發展的誘因，便是這種機制的一個例子。最後，一種只爲要求國民做規範性思考

的機制，也可能會產生期望的遵守程度。例如，中國的家庭計劃方案便是以規範性遵守策略爲基礎，因爲家庭計畫是由毛澤東語錄所認可的（Stoke, 1977）。

從這些有關修改建議的提議可知，政策研究程序中此一階段，也許會使政策研究人員陷入兩難的困境。要到什麼程度，修改的幅度會變得規模過大以致該建議無法只以技術分析爲基礎？該建議是否應更具漸進性，而對實質的改變較不具潛力，或較具根本性而較不具執行潛力呢？是否應重新調整建議，以取得你根本不認同的利害關係人的支持呢？這些是身爲政策研究人員，在研究過程中所必需一再面對的一部份問題。這裡並沒「有正確」的答案，你所提出的任何答案都可能著時間而改變。因此，只要你繼續從事政策研究工作，你就必須承擔這種責任努力去對抗這些問題，期望有朝一日能找到令你滿意的答案。


## 練習


1. 列出你需要向特定政策建議中的利害關係人提出的問題，以便適當的分析該建議中的執行參數。
2. 列出分析研究建議所需的步驟，這些步驟需足以供估計其執行機率。
3. 假設你的高中母校，正爲學生構思一項教育工作經驗方案。再假設，學校的校長指定了一個教師委員會，來研

究此方案的可能性，而委員會則轉請你來從事政策研究。在研究中有一部份，需要你去徵詢利害關係人對此方案潛在優缺點的意見。根據你的研究發現，你做出了下列的建議：

一工作經驗方案應該加以執行，並當成高中課程中的一門必修科目。

請畫出此建議背後的權力結構圖。誰是決策者？根據你的權力結構，該建議是否會被執行？為什麼會，又為什麼不會？

4. 「去年春天，山恩‧丹尼爾、派崔克、莫民漢提出了一張清單，請求各界簡單的計算全國各地情狀最差的道路與橋梁－以便國會可算出有多少急迫的工作必須完成，以及他們可能的成本有多少。結果，當這張清單從住宅公共事務及政府作業委員會的各次級委員會辦公室中整理出來時，它所要求的不只是毀損的道路與橋梁而已，它根本就是國家所有公共設施的「庫存和評估」，包括全國的高速公路、消防單位、公園、垃圾掩埋場、垃圾車、法院、輸油管、大眾捷運設施、機場、發電場、運動場、下水道、以及電視台」（Washington Post, 1982）。為什麼一份原本只針對道路和橋梁的清單，會被修改成這種模樣呢？你認為這份清會通過國會那一關嗎？為什麼會，又為什麼不會呢？

# 6

# 向政策制定者傳達政策研究

　　本章提出四項指導原則，供建立介於政策研究人
員和政策制定者之間，有效的溝通關係。


　　在前面幾章中，我們已經討論了政策研究中所包含的各
種步驟：從準備及概念化到技術分析及建議的分析。政策研
究程序中尚未討論到的一個關鍵成分，是有關介於政策研究
人員和政策制定者之間的動態關係，若研究員與政策制定者
之間，沒有適當的溝通關係，研究人員將非常難以確保其研
究發現和建議會被執行。事實上，這兩者之間若沒有公開、
積極、和建設性的溝通，則政策研究的努力便沒有多大的價
值。

　　除了可提昇政策研究被採用的可能性之外，政策制定者
和究人員間的緊密溝通關係，也提供了一些額外的好處。這

些好處如下：

- 教導政策制定者體會，研究的限制與現實，以減少他們對研究所持的懷疑。
- 教導政策研究人員體會，政策制定者的世界所存在的限制與現實。
- 隨時讓政策制定者知道，未來可能相關的一些資訊。
- 隨時讓政策研究人員知道，在政策領域中可能對研究有影響的一些變化。

從上述好處中可以了解，密切的溝通對於政策制定者和政策研究人員均有所助益。而沒有密切的溝通，對雙方都可能造成損失。

一個公開、積極、以及有效的溝通程序，不會是僥倖獲得的或者不需雙方足夠的承諾就可建立。不幸的，在政策制定者確信社會科學研究的適當性和有效性之前，發展緊密的溝通關係此項重責大任，大都落在政策研究人員的肩膀上。尤其是當該研究並未得到特定使用者的委託，或者在研究的過程中，潛在的研究使用者之所有權並未適當的被建立時，這項負擔就更加沈重。遇到這種狀況，接觸政策制定者的管道就非常有限，使得溝通難以進行。

亞米泰艾斯歐尼是一位有名的社會學家，舉了一個例子說明在政策建議的溝通時所包含的一些困難（Etzioni, 1981）。這些困難發生在卡特執政期間，當時他是白宮的一

位資深顧問。有二年的時間，艾斯歐尼嘗試以「再工業化」方案的觀念去引起行政部門的興趣，此方案可恢復美國「經濟動力」，但是並未成功。根據他的說法，他的失敗是因下列情況所致：地盤保衛戰（經濟學並不被認為是在社會學家的地盤之內）、經濟上保守的行政部門、過度使用再工業化觀念以致其真正的意義被誤解並喪失。在這種情況下，艾斯歐尼從自己的經驗，提出了下列的忠告：「未經請求而尋求促銷政策理念的門外漢，尤其在沒有一個有組織的社會團體、遊說團體或壓力團體的支持下，通常會發現，這個過程迂迴而曲折。選擇走這條路的人，應該了解，他們通常免不了要走漫長的路」（1981, P29）。

從艾斯歐尼的經驗，我們可以得知，政策制定者與政策研究人員間有效的溝通關係，可能不容易建立。為了使潛在的困難降到最低，本章將探討四項主要的指導原則，供傳達政策研究給政策制定者。藉著遵循這些指導原則，希望能達到良好溝通關係的潛在好處。四項指導原則如下：

- 在整個研究過程中均進行溝通。
- 與各種不同的研究使用者溝通。
- 有效呈現（presentation）可能是有效溝通中最重要的一件事。
- 口頭溝通常較書面溝通更有效果。

## 指導原則一：在整個研究過程中均進行溝通

　　不論資訊是否取得，政策決定可能在任何時候進行。因此，從單一、完整的研究所獲得的發現，被傳達出來的時點，不太可能剛好與政策制訂程序的關鍵決策點完全吻合（Coleman, 1975）。

　　在這種狀況下，一項非常重要的指導原則為，與政策制定者的溝通，應該始於研究一開始進行時，並在整個研究期間持續積極的進行。換言之，等到研究全部完成之後才開始進行溝通和傳達工作，將會嚴重的妨礙研究被使用的可能性。

　　「在整個政策研究過程中均進行溝通」的一個重要事項為，溝通應該是雙向的。不要只是一味的提供資訊給政策制定者，應分段傳達資訊以便取得回饋。研究人員應嘗試從溝通中學習及傳達資訊。如此，知識才能有最佳的利用。套句亞倫‧威大夫斯基的話，「有知識者未必有智慧」（1979, P402）。

　　「在整個研究過程中均進行溝通」時，研究人員應該認清，政策制定者最關心的是研究結果和建議。設計的問題，資料收集的問題等，則較不為他們所關心。因此，與政策制定者所進行的討論，永遠應該要與結果和建議相關－可以暗示將會提出的是什麼，或可以提出的是什麼（如，在既定的設計限制下）。借著將研究進度與研究結果聯結，研究人員也可以開始檢定某些構想的可行性，也許這些構想被認為是

可能的建議。如果政策制定者對這些構想表達強烈的反對，則研究人員可能需要考慮其他的建議。在提出最後的提案之前，藉著與政策制定者討論這些構想，研究人員也讓政策制定者有吸收新構想及使自己適應新構想的時間。許多政策制定者對於創新的構想，一開始常有非常負面的反應，但是，給他們一些額外的時間供其在沒有壓力下思考，他們的反應可能會變為更有支持性。

在與政策制定者溝通時，政策研究人員不應畫地自限，直接與政策制訂者討論。丹尼·柯瑞提（Daniel Korety, 1982）建議，利用一些其他的溝通管道來轉達資訊，並取得回饋。這些管道包括，政策制定者個人的幕僚，新聞媒體，以及有管道接觸政策制定者的利益團體。借著「擴張接觸點的數目」（Fraatz, 1982, P.276），並透過這些替代途徑來分享資訊，則政策制定者所聽到的資訊至少不比直接交談來得少。

「溝通應及早進行並於整個研究過程中持續」，這項提議並非在貶抑提出最終結果的時機之重要性。事實上，根據多年從事有關兒童的政策研究，艾琳娜·麥可比（Eleanor Maccoby）及其同僚對他們的感覺所做的討論，也許是值得學習的最重要課程：「瞭解正確的時機和地點，以便將你的資訊引進政策制定程序。」（1983, P.80）。他們描述了一份報告，「兒童政策」的例子，這份報告是在正確的時機所產生的。此報告能夠回答一個數十年的老問題，是有關日間托兒場所中不同師生比的效果。借由此問題的回答，終於建立了日間托兒的聯邦標準。

雖然「正確的」時機和「正確的」地點，得視所研究的

政策議題而定，布萊姆與達斯坦仍對此提出一個忠告：

> 一位參議員是一委員會的成員，該委員會對一法案具有裁判權，則接近此人的時機是在該委員會對該法案提出報告之前。類似的，國會議員通常會尋找十分特殊的資訊，而非有關該法案的一般背景。(1983, P.85)

有了此忠告，再加上其他人的忠告，則在整個政策研究進行的過程中，就一直會注意到正確的地點和時機。

在整個研究過程中進行溝通，並不表示，結果應在技術分析完成之前就散佈出去。反倒是，任何時間所傳達的資訊，應該只是那些可強烈支持或被瞭解的意見。很不幸的是，看似如此簡單的原則，但政策研究人員卻往往被迫在技術分析完成之前，釋出他們的發現。

瑪格麗持波克曼（Margart Backman, 1936）便描述了一種狀況，在該情況下對保證年收入所進行的一項研究實驗之中途，適切的法案就被引進國會。假設在法案的引進上，負責實驗的研究人員處於一種不幸的處境即需選擇，提供國會非常初步的而且可能是不正確的結果，或者在國會最迫切需要時，對國會不予回應。研究者選擇前者並提出他們的結果。不幸的是，初步結果的可信度受到非常嚴酷的懷疑，以致當研究完成後便被忽視。從後見之明可以想到，該研究者作了一個錯誤的決定。但是，如果這位研究人員保持沈默，則有關社會科學研究不具相關性的指控就會源源不絕。對研

究員而，要解決這種問題並不容易。如果你發現自己也陷於類似的處境，則必須在沈默和相關性之間小心的加以權衡。

## 指導原則二：與不同的使用者溝通

如前面的章節所探討的，政策研究可能會有一些擁有不同利益的不同使用者。為確保政策研能妥適的被散佈出去，政策研員應針對研究以不同的方式與不同的使用者溝通。有些使用者希望有較詳細的資訊，有些則只要重要的發現，有些則只要對他們有直接幫助的資訊。例如，在一項對鼓勵家長參與專案的研究中，研究的使用者便包括了國會和地方的專案主管（Smith & Robbins, 1982）。其中「國會」對主要發現的概觀有興趣，而地方的專案主管則只對提升家長參與的技術相關之建議感到興趣。很明顯地，一個單一的溝通方式，是無法同時妥適的滿足雙方不同的需求。

由於在溝通過程中，政策研究人員必需能夠成功地納入不同的使用者，因此，一政策研究人員便需具備一種「通靈組合」（psychic profile），以便能夠「有效的與政客們、官僚們、家庭主婦們、以及少數團體之領導者互動」（Etzioni, 1971, P.10）。這種「組合」至少包括三種能力。這三種能力包括：(1)將研究的術語及程序轉換成不同的聽眾可以了解的觀念，(2)認清何時應對細節加以解釋，(3)對於溝通加以組織，使聽眾不會有智力低下的感覺。這些能力並未在學校課

堂上傳授,因為學生們通常是與智力和知識相當的其他學生互動。因此,一位沒有經驗的政策研究人員需特別注意此指導原則,如此才能將政策研究有效的傳達給政策制定者。切記:那些因為不懂「$\beta$ 係數」而感覺不如人的人,將不會順利的贊同研究建議。

在承認溝通包含了各種不同的使用者這件事上,有一點必須注意的是,在溝通過程中可能有太多的使用者涉入。例如,在一項對「學校中的城市」(Cities-In-Schools)專案的研究中(Stake, 1983),「有各種不同的利害關係人且範圍甚廣」,包括聯邦與民間贊助者,政治以及傳道的訴求,以及各國家大城市的受惠者。「企圖產生一份對許多方面都有用的報告,『包括這些身為利害關係人的使用者』,最後可能使報告對任何人都沒有用」(Stake, 1983, P.20)。因此,當要對不同的聽眾提出一份報告,則這份報告不應該變得過於零碎、片斷,以致沒有效用。

## 指導原則三:有效的呈現創造良好的溝通基礎

研究人員在研究程序中可以及早開始與研究的使用者進行溝通,並在整個過程中持續進行。此外,研究人員也可以精確地配合每一位研究的使用者所具有的水準和興趣來進行各種溝通。但是,儘管做了這些努力,如果政策研究沒有適當的加以呈現,則政策研究將無法有效的被傳達和使

用。因此，應記住的第三項指導原則是：有效的呈現構成決定政策研究最終效用的基礎。

艾倫‧格林柏格（Ellen Greenberger）一位關心青少年勞動力的研究人員，描述在一次有關改變法規設計以提昇青少年工作機會的聽證會上，會中她所提出的證詞。在準備她的證詞時，她向議院的勞動標準次級委員會要求提供一些有關她做簡報的忠告。她的問題和答案均列於表 6.1 中。

表 6.1 在國會聽證會上可供有效呈現的忠告

---

**是否應採用書面的證詞？**（在極短時間下，不太高興但可預測的）答案為'是的'－並準備 75 份以便發給媒體工作人員。可預期會有新聞及電視網的高度報導。

我應該宣讀它或者隨它去？既然你是學者，你可能比一般人寫得更好。就宣讀吧。

**我應該規劃多久的發言時間？**大約 10-20 分鐘。

**應提供多少有關方法和設計或者我們的研究方面的細節？**實際上是不需要。人們可以在事後請教你或者參閱你的報告。請將與證詞相關的所有文件印幾份帶過來。
**我是否能採用我們的研究之外的其他的研究？**我認為這將可強化這個個案。當然。
**我是否可以表達意見，或者只能呈現資料？**你可以表達意見。在呈現資料時，請強調你的結論。

**可以用強烈的字眼嗎？**是的，在合理的限度內。

**在提議法規變更的背後有哪些利益？**大多數人認爲餐館業及娛樂園業是推動的力量。

**還有誰會出席做證，還有他們可能說什麼？**勞工部門的一位發言人，發言會偏向提議變更，當然，勞工總會及產業勞工組織的財務長是反對的，理由是增加次低薪資勞工的供給，將會剝奪較老的年輕人和成年人的工作，而且利用年輕工人……（這些資訊協助我預測其它的證詞，並且提醒我哪些主題可能是我已經說過的，而且其他人對這些主題有更好的處理，另一方面，這些主題也可能因重複或因我採用其它的證據而獲益）

---

除了問題之外，她還提出了下列的觀察所得，供確保完成一有效的呈現：

- 在書面及口頭陳述開始的地方，提供一份摘要，以便能夠清楚且迅速的展示我的樣貌。
- 在整個撰寫過程中對於「可引用文字」的撰寫要注意（如，「提議變更法規對年輕人的發展是一種威脅………」）。
- 專注於明顯與總統施政所關切的事項極爲一致的相關研究發現上。
- 以高能見度及高衝擊的方式來敘述研究發現。

由於她以及其他人在聽證會中有效的呈現，所提出法規於是迅速被撤回。

如艾倫‧格林柏格所的例子所說明的，有效的呈現決定於二個關鍵元素：(1) 用以解釋研究的結構，以及 (2) 研究人員或呈現（present）研究資訊的研究人員之特性。結構是指用以向使用者解釋一項研究的口頭報告或書寫風格、格式、以及媒體。在此提出一些建議供發展一個能有效傳達研究的結構。

　　首先，在所有的呈現中，多媒體、多方法的呈現方式，其效果遠超過任何單一媒體和單一方法（Brown & Braskamp, 1980）。多媒體是指幻燈片、圖表、簡報軟體，或其它必要的視覺或聽覺輔助。大衛、史託克曼，為雷根政府的管理與預算部門的主管，曾告訴華盛郵報，他使用了一種非常特殊的結構，以對雷根總統呈現達成平衡預算的困難。史託克曼的結構包括，一系列的圖表和曲線圖來描繪預算赤字的預測趨勢。這些圖表結合一份有關預算之「多重選擇重大決策報表」（sobering multiple choice decision paper）。決策報表主動將雷根捲入該呈現（presentation）中，藉著讓他檢查 50 個方案中，每一方案所屬的 3 個盒子之一，以顯示雷根所偏好的支出水準。不出所料，決策報表所用的結構，會使得即使每一方案均選擇最低的支出水準，也不能達成平衡預算。史託克曼借著使用這種結構來呈現資訊，而達到他的目的，讓雷根相信在可預見的未來，平衡預算是不可能的。此外會採用這種呈現，很明顯的「史託克曼已算出雷根會如何行動，以及如何影響他的決定。」（Washington post, 1983, P.121）。

　　除了使用多種媒體之外，研究人員也應該使用多種方法來解釋一項政策研究。多種方法包括詳細的報告，加上兩頁

簡短的書面資料，或者口頭簡報加上書面支持文件。例如，科技評估部門在向國會溝通任何研究時，都會使用三種方法：一份包含附錄完整而冗長的報告、二十頁的小冊子，以及單頁資訊（Gibbons, 1983）。每種方法的內容都經仔細的校閱，以確保研究方法、結果、以及建議等，從頭到尾都能一致的被傳達。

除了使用多種媒體和方法之外，政策研究的有效呈現，應該力求簡單而有重點，只要包含少數幾個與特定議題和決策相關的重點即可（Brown & Braskamp, 1980）。詹姆士·柯曼（James Celemon, 1975）描述了一個個案，在個案中，政策研究人員以一種新的預測方法，爲紐約時報預測全國選舉的結果。雖然研究員投入了很多的時間來完成預測以供大選之夜報導，但最後預測結果卻未被採用。根據柯爾曼的說法，在向紐約時報呈現預測結果時，報社認爲該項預測過於複雜，無法讓人迅速加以了解。

如上一段落所述，一個呈現政策研究的有效結構，只包含以多種媒體與多種方法進行討論，所特別挑出來的一些重點。爲了補強此一般原則，一些學者也提出了其他的建議（Koretz, 1982, Smith & Robbins, 1982）供提升呈現結構的有效性。這些建議摘述如下

- 必須具體；儘量以實例和軼事來讓論點更容易了解。
- 對於每一個呈現，都要在呈現期間爲聽眾及呈現者建立要達成的目標。

- 研究的結論以及主要警告應該先提出。
- 政策研究與政策問題間的關係應加以解釋。
- 避免使用專門術語－例如，把「研究不具有太大的外部效度」，改成「研究結果無法普及至所有的群眾。」
- 應討論相關方案的差別效果，而非討論單一方案的效果。
- 清楚的陳述有關變數選擇和結果普遍化的研究限制。
- 任何要納入的資料先經過認可，藉此以對呈現加以簡化，至不可再少的地步。

這些建議同時適用於口頭以及書面的呈現。
此外，書面報告可以透過下列三項建議予以強化。

- 報告中每一段落的重點，應摘錄於段落開始處。
- 報告中每一段落的的標題，應用以濃縮及傳達資訊，例如應採用「出席家長教師聯誼會的家長寥寥無幾」的標題，而不要用「家長出席情況」的標題。
- 報告的主體前附上一份少於五頁的摘要；這份摘要應該是整份報告中最用心撰寫的部分，因為這可能人們唯一會閱讀的部份。

總之，這些建議和原則所構成的呈現類型，和傳統研究常用的類型有極大的差異。採用學術期刊論文的風格所寫的

手搞，將不會被閱讀，因為較不易被了解。再者，雖然在傳統研究的呈現中並不鼓勵創造力，但是創造力對一政策研究是否被採用可能產生不同的結果。因此，要善於創造！利用顏色、小冊子、照片、或是任何可以讓呈現閱讀或聆聽起來更有趣的方式。

上述所討論的建議，是用以協助產生一個有效的結構，供呈現政策研究。但是，光是一個有效的結構，尚不足以經常有效的將研究傳達給潛在使用者。

在某些情況中，執行和呈現政策研究的研究人員之特性，也可能影響呈現的效果。研究人員的職稱、性別、組織歸屬程度等，可能都會影響潛在使用者欣然接受和採用研究的程度。例如，卡普倫於 1974 年所進行的研究中，有一半接受調查的政策制定者表示，為了評估一些研究的發現，與社會科學家熟稔是有必要的。顯然，研究人員個人的風度和「可愛程度」，可能有助於決定一項研究是否會被採用。

了解了研究人員特性的臨場重要性，你可能應該去考量那些在向潛在使用者傳達政策研究時的特性。例如，研究團隊中的一位成員，已經和潛在使用者發展出關係，它可能是呈現研究的最佳人選；即使此人並非主要的調查人員也無妨。顯然，你不應允許研究人員的特性完全主導呈現的做法，但是，你應該注意它們的角色。

此處所探討的指導原則--有效的呈現是良好溝通的基礎—是針對「研究結果的使用」其背後之關鍵概念。此概念是可信度；研究人員及其研究被認為越可信，則該研究越有可能被採用（Boeckmann, 1976, Murphy, 1980）。例如，請參

閱以下這段參議員立法助理的談話，談到為何某一特定的實驗未能被採用。

我猜想……這項實驗有些地方不足採信。樣本規模太小，而且他們也太早提出他們的發現。我還記得，當我向參議員建議，不妨在一項聲明中利用此實驗來支持我們的構想時，他說不，我們不要去強調那項實驗，因為它具有爭議性。而且，我知道財務委員會已對該實驗加以抨擊。不論任何時候，你要利用資料來支持你的立場，你應儘可能的準備好最堅強的資料，如果那些你認為很好的資料已經遭到他人強烈的攻擊時，我們將放棄這些資料，尋找我們深具信心的其他資料（Boeckmann, 1976, P.67）。

對這個實驗而言，情況已經破壞了它的可信度，也摧毀了它的可用性。在發展出一個能有效傳達政策研究的呈現之後，應嘗試並事先思考那些可信度可能遭到挑戰的領域（例如，政策制定者所認識的專家們是否已被徵詢？有關資料的其它詮釋是否被考慮到？研究結果是否能根據研究者本身在研究中的利害關係加以詮釋呢？）。在被提出之前，事先考慮這些問題與挑戰，也許能夠說服政策制定者，讓他們相信你已完成了一項可信的研究，值得他們的關注和採用。

## 指導原則四：口頭溝通常較書面溝通更具效果

　　傳統的研究幾乎完全仰賴使用書面材料（如，期刊論文）以散佈研究的發現。即使在專業研討會上的呈現，通常也是宣讀會前已準備好的文件。在政策研究方面，通常是採用口頭而非書面的方式，這也是溝通最有效的媒介之一。尤其當口頭溝通搭配簡短描述重點的講義時，其效果更好。套句佛瑞茲的話，「由人所傳達的研究，要比由紙張更容易被人們熱烈的接受」（1982, P.275）。

　　以口頭呈現資料之所以具有效果，有許多原因。一般而言，政策制定者是十分忙碌的人，沒有時間或動機去閱讀冗長的文件。藉著口語方式及簡潔的格式呈現資訊，政策制定者便可儘快的掌握新的資訊。此外，口頭呈現可讓政策制定者當場提出問題，以增強他們對研究發現的了解。最後，由於一位好的政策制定者應具備的基本技巧是演說和口頭辯論，政策制定者通常在使用其口語才能而非閱讀才能的場合，會感覺更舒適而較不具防禦性。

　　了解了口頭溝通的有效性之後，政策研究人員應努力提昇他們的口語及分析技巧。要迅速的「獨立（on your feet）」思考，要同時運用非口語及口語的線索，要對聽眾「察顏觀色（read）」，要預測問題和反應，要能夠不看筆記的即席演講等，這些都是必需練習和準備的技巧，無論如何，對你及你的研究額外附加的尊敬和可信度，將使這一切都會值得。

# 結語

　　在本章中，所探討的是，政策研究人員與政策制定者間緊密的溝通關係之重要性。為了達成這種關係，本章也提出了許多特殊的指導原則。在整個討論過程中，均假設你正是負責溝通的政策研究人員－正如你負責準備、概念化、技術分析、以及建議分析一樣。借著讓政策研究中的每一個階段分別由一位主要人物負責，從一個階段所獲得的資訊，可以在以後的階段中策略性的加以運用。

　　雖然政策研究工作，需要政策研究人員在每一階段都很負責，但是，以準確及令人欽佩的方式來執行每一個階段，更是一種壓倒性的需求。因此，對於初期的失敗要有準備，其後的成功將會到來。也許此時所能提供的最佳忠告是，複頌某政策研究中心主管的話：「要不屈不撓！」終有一天你的船會到達（時來運轉）。

# 練　習

1. 一項一直存在的爭議，認為執行政策研究的研究人員，不應該涉入該研究結果的倡導，因為如此做法，則研究人員就不再是一位客觀、冷靜的科學家。對此爭議。在可信的研究與純粹倡導之間，你將如何劃分？

2. 假設你計劃為你的學院院長進行一項研究，是有關當今要就讀學院的高中生的未來教育需求。先把院長查清楚，以便規劃在整個研究過程中你要如何與他溝通，並呈現最終結果與建議。討論並描述你的計劃。

3. 華盛頓郵報最近的一則報導中，一位五角大廈的蘇聯軍備簡報員被顯著的標示出來。這位簡員，是一位照片情報分析師，約翰 梯·休斯，他建構了一份被稱為「戲劇性的」與「傑出的」簡報。站在放講稿的講台後面，手持指示棒，一位助理，正不停的播放照片，休斯追尋了顯示蘇聯強大的防衛集結的所有線索。「他的風格是戲劇性的輕描淡寫---直接，沒有明顯的誇張語句，只有事實（反正是某些事實），壓倒性的陣勢，全景的展示，令人毛骨悚然的軍火庫可怕的照片」（1983b, P.C2）。雖然休斯的簡報得到一些人的喝采，但也被一些人批評為有偏見且不完整。它未將美國與蘇聯比較；同時也只著重於那些令人擔心的事實上（意指，那些看起來十分駭人的照片）。很明顯的，休斯非常有效的支持某一特定的立場（建立美國軍事防衛的需要）。首先，描述這個讓他這麼有效的呈現所具有的結構特性。然後，討論休斯的簡報所引起的倫理問題（例如，選擇性的呈現事實，對警告性照片沒有作為等等。）

# 政策研究詞彙

Numerals in parentheses refer to chapter numbers in which term was defined.

*Basic social research:* traditional academic research done on fundamental social problems; action orientation of research is low (1).

*Champion:* powerful decisionmaker willing to support a study and ensure that study results are appropriately utilized (2).

*Client:* user of the policy research study who either initiated the study, serves as a *funding source* for the study, and/or is interested in study results (2).

*Cost benefit analysis:* set of methods by which the costs and benefits to society of alternative policy options are compared (4).

*Delphi procedure:* method for obtaining a composite set of predictions about future events from subject matter experts (5).

*Empirico-inductive:* an adjective describing a research process where concepts and causal theories are induced from the empirical dynamic study of the social phenomenon; contrasts with *hypothetico-deductive* (1).

*Enlightenment:* term used by Weiss (1977) to describe the use of policy research for problem definition rather than problem resolution purposes (1).

*Focused synthesis:* a policy research method involving the selective review and integration of information relevant to particular research questions (4).

*Fundamental change:* change that offers new perspectives, assumptions, and goals (2).

*Funding source:* for policy research, the funding source may be a government agency, interest or constituency group, or a private philanthropic organization (1).

*Hypothetico-deductive:* an adjective describing a research process where social phenomenon are studied via specific predetermined hypotheses; contrasts with *empirico-inductive* (1).

*Incremental change:* change that focuses on fairly minor, short-term solutions within a framework of existing goals and assumptions (2).

*Malleable variables:* variables that are vulnerable to change, given the existing *sociopolitical environment* surrounding the social problem (3).

*Mixed scanning change:* a term used by Etzioni (1976) to describe changes which involve the formulation of fundamental new guidelines that are incrementally modified over time (2).

*Operationalization:* process whereby variables and concepts are defined in terms of measurable indicators (4).

*Policy analysis:* research done by political scientists interested in the process by which policies are adopted and the effects of the policies once adopted (1).

*Policy mechanisms:* tools or vehicles used by policymakers to achieve policy objectives (2).

*Policymaking context:* policy issues, decisionmaking process, stakeholders, and power structure involved in the policymaking environment surrounding a social problem (2).

*Policy research:* process of conducting research or analysis on a fundamental social problem in order to provide policymakers with pragmatic, action-oriented recommendations for alleviating the problem (1).

*Politically significant findings:* findings of a policy research study that warrant policy action (4).

*Proxy indicators:* indicators that reasonably substitute for a concept or variable that is difficult to measure directly (4).

*Sociopolitical environment:* the aspects of a social problem's context that include both sociological and political factors (2).

*Stakeholders:* individuals or groups who either have some input into decisionmaking about a social problem, or are affected by policy decisions on that problem (2).

*Stakeholder power structure:* description of the nature, strength and directions of the coalitions of stakeholders involved in a proposed recommendation (5).

*Subjective probability of implementation:* a statement of the chances, or odds, that a recommendation for policy action is feasible and acceptable enough to be adequately implemented (5).

*Technical analysis:* activities by which factors that may cause a social problem are studied (4).

*Technical social research:* research structured to resolve very specific, narrowly defined problems; action orientation is high (1).

# 參考書目

Aaron, H. J. (1978). *Politics and the professors*. Washington, DC: The Brookings Institution.

American Psychological Association (1982). Seat belts: Behavioral research is joined with efforts to shape policy. *American Psychological Association Monitor, 13*(12), 12-13.

Angell, R. (1965). *Free society and moral crisis*. Ann Arbor: University of Michigan Press.

Babbie, E. R. (1973). *Survey research methods*. Belmont, CA: Wadsworth.

Bachrach, P. (1972). The scholar and political strategy: The population case. In R. L. Clinton et al. (Eds.), *Political science in population studies*. Lexington, MA: Lexington Books.

Berelson, B. (1976). Social science research on population: A review. *Population and Development Review, 2*(2), 219-266.

Bergman, E. (1975). The political analysis of population policy choices. In R. Godwin (Ed.), *Comparative policy and analysis*. Lexington, MA: Lexington Books.

Berman, P. (1980). Thinking about programmed and adaptive implementation: Matching strategies to situations. In H. M. Ingram & D. E. Mann (Eds.), *Why policies succeed or fail*. Beverly Hills, CA: Sage.

Boeckmann, M. (1976). Policy impacts of the New Jersey Income Maintenance experiment. *Policy Sciences, 7*, 53-76.

Brandl, J. E. (1980). Policy evaluation and the work of legislature. In *New directions for program evaluators* (No. 5). San Francisco: Jossey-Bass.

Brim, O. G., & Dustan, J. (1983). Translating research into policy for children. *American Psychologist, 38*(1), 85-90.

Brown, R. D., & Braskamp, L. A. (1980). Summary: Common themes and a checklist. In *New directions for program evaluation* (No. 5). San Francisco: Jossey-Bass.

Brown, S. D. (1982). A case study of evaluation research in the legislature process: Public transportation for the handicapped. In *New directions for program evaluation* (No. 14). San Francisco: Jossey-Bass.

Bunn, K. W., & Thomas, H. (Eds.). (1978). *Formal methods in policy formulation*. Basel, Stuttgart: Birkhauser.

Burton, I. (1979, April). Policy directions for rural water supply in developing countries. *AID Program Evaluation Discussion Paper No.4.*

Cain, M., Khanam, S. R., & Nahar, S. (1979). Class, patriarchy, and the structure of women's work in rural Bangladesh. Center for Policy Studies, *Population Council Working Paper No. 43.*

Calder, B. J. (1977, August). Focus groups and the nature of qualitative marketing research. *Journal of Marketing Research.*

Campbell, D. T. (1969). Reforms as experiments. *American Psychologist, 24*, 409-429.

Caputo, D. A., & Cole, R. L. (1975). The initial impact of revenue sharing on the spending patterns of American cities. In K. M. Dolbeare (Ed.), *Public policy evaluation*. Beverly Hills, CA: Sage.

Carter, R. K., & Kosinski, R. D. (1981, Spring). Doing research in a politically charged environment. *New England Journal of Human Services.*

Cicirelli, V. G. et al. (1969, June). *The impact of Head Start: An evaluation of the effects of Head Start on children's cognitive and affective development.* Westinghouse Learning Corporation and Ohio University.

Coates, J. F. (1978). What is a public policy issue? In K. R. Hammond (Ed.), *Judgment and decision in public policy formation.* Boulder, CO: Westview.

Coleman, J. S. (1975). Problems of conceptualization and measurement in studying policy impacts. In K. M. Dolbeare (Ed.), *Public policy evaluation.* Beverly Hills, CA: Sage.

Commission on Population Growth and the American Future. (1972). *Population and the American future.* Final report.

Dexter, L. A. (1970). The job of the congressman. In I. Sharkansky (Ed.), *Policy analysis in political science.* Chicago: Markham.

Doty, P. (1980). *Guided change of the American health system: Where the levers are.* New York: Human Sciences Press.

Doty, P. (1982). The role of the evaluation research broker. In L. Saxe & D. Kroetz (Eds.), *New directions for program evaluation* (No. 14). San Francisco: Jossey-Bass.

Dror, Y. (1968). *Public policy making.* San Francisco: Chandler.

Dror, Y. (1971). Applied social science and system analysis. In I. L. Horowitz (Ed.), *The use and abuse of social science.* New Brunswick, NJ: E. P. Dutton.

Dye, T. R. (1978). *Understanding public policy* (3rd ed.). Englewood Cliffs, NJ: Prentice-Hall.

Dyer, J. S. (1982). An asbestos hazard index for managing friable asbestos insulating material. *Policy Studies Review, 1*(4), 656-665.

Edwards, J. (in press). *Self-report instruments.* Beverly Hills, CA: Sage.

Edwards, W., Guttentag, M., & Snapper, K. J. (1975). Effective evaluation: A decision-theoretic approach. In E. L. Streuning & M. Guttentag (Eds.), *Handbook of evaluation research.* Beverly Hills, CA: Sage.

Etzioni, A. (1971). Policy research. *The American Sociologist, 6,* 8-12.

Etzioni, A. (1976). *Social problems.* Englewood Cliffs, NJ: Prentice-Hall.

Etzioni, A. (1979). Beyond integration, toward equitability. In P. M. Hauser, *World population and development.* Syracuse, NY: Syracuse University Press.

Etzioni, A. (1982). Riding a whirlwind. *Society, 19*(3), 29-35.

Finsterbusch, K., & Motz, A. B. (1980). *Social research for policy decisions.* Belmont, CA: Wadsworth.

Fischer, F. (1980). *Politics, values, and public policy: The problem of methodology.* Boulder, CO: Westview.

Fowler, F. (1984). *Survey research methods.* Beverly Hills, CA: Sage.

Fraatz, J. M. (1983). Policy analysts as advocates. *Journal of Policy Analysis and Management, 1*(2), 273-276.

Gibbons, J. (1983). *Technology and federal policy: Confession of a wayward physicist.* Invited Address at the Washington, D.C., MIT Luncheon Club, January 20.

Ginsburg, L. H. (1982). Changing public attitudes about public welfare clients and services through research. *Policy Studies Journal, 10*(3), 581-590.

Glaser, B. G., & Strauss, A. L. (1967). *The discovery of grounded theory.* Chicago: Aldine.

Gorshick, L. B., & Williamson, J. B. (1982). The politics of measuring poverty among the elderly. *Policy Studies Journal, 10*(3), 483-498.

Greenberger, E. (1983). A researcher in the policy arena. *American Psychologist, 38*(1), 104-111.

Grob, G. N. (1981). Public policymaking and social policy. In I. Horowitz (Ed.), *Policy studies review annual* (Vol. 5). Beverly Hills, CA: Sage.

政策研究方法論

Guzzo, R. A., & Bondy, J. S. (1983). Assessing technological advancement using groups of experts. In K. Bunn & H. Thomas (Eds.), *Formal methods in policy formulation*. Basel, Stuttgart: Birkhauser.

Herriott, R. E. (1982). Tension in research design and implementation: The Rural Experiment Schools Study. *American Behavioral Scientist, 26*(1), 23-44.

Horowitz, I. L. (Ed.). (1971). *The use and abuse of social science*. New Brunswick, NJ: E. P. Dutton.

Horowitz, I. L., & Katz, J. E. (1975). *Social science and public policy in the United States*. New York: Praeger.

House, P., & Coleman, J. (1980). Realities of public policy analysis. In S. S. Nagel (Ed.), *Improving policy analysis*. Beverly Hills, CA: Sage.

Huitt, R. K. (1968). Political feasibility. In A. Ranney (Ed.), *Political science and public policy*. Chicago: Markham.

Ingram, H. M., & Mann, D. E. (1980). *Why policies succeed and fail*. Beverly Hills, CA: Sage.

Jones, C. O. (1970). *An introduction to the study of public policy*. Belmont, CA: Wadsworth.

Kahn, A. J. (1969). *Theory and practice of social planning*. New York: Russell Sage Foundation.

Koretz, D. (1982). Developing useful evaluation: A case history and some practical guidelines. *New directions for program evaluation* (No. 14). San Francisco: Jossey-Bass.

Kraft, M. E. (1982). The use of risk analysis in federal regulatory agencies: An exploration. *Policy Studies Review, 1*(4), 666-675.

Lamm, R. D. (1978). The environment and public policy. In K. R. Hammond (Ed.), *Judgment and decision in public policy formation*. Boulder, CO: Westview.

Lasswell, H. (1958). *Politics: Who gets what, when, how?* Cleveland: World.

Levin, H. M. (1979). Cost-effectiveness analysis in evaluation research. In M. Guttentag & E. L. Streuning (Eds.), *Handbook of evaluation research*. Beverly Hills, CA: Sage.

Lindblom, C. E., & Cohen, D. (1979). *Usable knowledge: Social science and social problem solving*. New Haven, CT: Yale University Press.

Louis, K. S. (1982). Multisite/multimethod studies, *American Behavioral Scientist, 26*(1), 6-22.

Lowi, T. (1964). American business, public policy, case studies, and political theory. *World Politics, 16*,(July), 677-715.

Lynd, R. S. (1939). *Knowledge for what?* Princeton, NJ: Princeton University Press.

Maccoby, E. E., Kahn, A. J., & Everett, B. A. (1963). The role of psychological research in the formation of policies affecting children. *American Psychologist, 38*(1), 80-84.

McCrae, D. (1980). Policy analysis methods and government functions. In S. Nagel (Ed.), *Improving policy analysis*. Beverly Hills, CA: Sage.

Maggiotto, M. A., & Bowman, A. (1982). Policy orientations and environmental regulation: A case study of Florida's legislators. *Environment & Behavior, 14*(2), 155-170.

Majchrzak, A., Schroeder, A., & Patchen, R. (1982). *State criteria and mechanisms for assessing the effectiveness and efficiency of social service block grant programs: Final report*. Rockville, MD: Westat. (DHHS Contract HEW-100-31-003)

Majone, G. (1980). Policies as theories. *Omega: The International Journal of Management Science, 8*(2).

Meehan, E. J. (1971). *The foundations of political analysis*. Homewood, IL: Dorsey.

Meltsner, A. (1976). *Policy analysts in the bureaucracy*. Berkeley: University of California Press.

Moore, C. (in press). *Group decision-making techniques*. Beverly Hills, CA: Sage.

Nagel, S. (1975). Choosing among alternative public policies. In K. M. Dolbeare (Ed.), *Public policy evaluation*. Beverly Hills, CA: Sage.

Nagel, S. (Ed.). (1980). *Improving policy analysis*. Beverly Hills, CA: Sage.

Nagel, S. (1982). Policy studies organization and policy studies developments. *Policy Studies Journal, 10*(3), 432-441.

Nagel, S. (1983). *Factors facilitating the utilization of legal policy evaluation research.* Unpublished paper.

Nagel, S., & Neef, M. (Eds.). (1978). *Policy research centers directory*. Urbana, IL: Policy Studies Organization.

Neiman, M., & Lovell, C. (1981). Mandating as a policy issue—the definitional problem. *Policy Studies Journal, 9*(5), 667-681.

Patton, M. Q. (1980). *Qualitative evaluation methods*. Beverly Hills, CA: Sage.

Planned Parenthood. (1977). *Planned births, the future of the family and the quality of American life*. New York: The Alan Guttmacher Institute.

Rein, M., & White, S. H. (1977). Can policy research help policy? *The Public Interest, 49*, 119-136.

Reutlinger, S., & Selowsky, M. (1976). *Malnutrition and poverty: Magnitude and policy options*. World Bank Staff Occasional Papers No. 23. Washington, DC: World Bank.

Rist, R. C. (1982). Beyond the quantitative cul-de-sac: A qualitative perspective on youth employment programs. *Policy Studies Journal, 10*(3), 522-538.

Robey, J. S. (1982). Major contributors to public policy analysis. *Policy Studies Journal, 10*(3), 442-447.

Rosenthal, R. (1984). *Meta-analysis*. Beverly Hills, CA: Sage.

Rossi, P. H., & Shlay, A. B. (1982). Residential mobility and public policy issues: "Why families move" revisited. *Journal of Social Issues, 38*(3), 21-34.

Rossi, P. H., Wright, J. D., & Wright, S. R. (1978). The theory and practice of applied social research. *Evaluation Quarterly, 2*(2), 171-191.

Salisbury, R. H., & Heinz, J. P. (1968). *A theory of policy analysis and some preliminary applications*. Paper presented at the American Political Association Convention, Washington, DC, September.

Saunders, L. (1972). Action needs: The relevance of political research. In R. L. Clinton et al. (Eds.), *Political science in population studies*. Lexington, MA: Lexington Books.

Schmidt, R. (1982). *Short-term policy-oriented research and evaluation: Opportunities and dilemmas*. Symposium at the American Psychological Association Convention, Washington, DC, August.

Seidl, J. M. (1976, September). *Development of a conceptual framework for analyzing implementation aspects of policies and programs*. Report for the Office of the Assistant Secretary for Planning and Evaluation. Washington, DC: Department of Health Education and Welfare.

Siegel, K., & Doty, P. (1978). Advocacy research versus management review: A comparative analysis. *Policy Analysis, 5*, 37-65.

Simmons, O. G., & Saunders, L. (1974). *The present and prospective state of policy approaches to fertility*. Paper presented at the Social Science Research on Population and Development Conference, New York, October.

Smith, A. G., & Robbins, A. E., (1982). Structured ethnography: The study of parental involvement. *American Behavioral Scientist, 26*(1), 45-61.

Smith, A. G., & Seashore-Louis, K. (1982). Multimethod policy research. *American Behavioral Scientist, 26*(1).

政策研究方法論

Snapper, K., & Seaver, D. (1981). Program decisions: Evaluating a bird in the hand versus two in the bush. *Evaluation and Program Planning, 4*, 325-334.

Stake, R. E. (1983). Stakeholder influence in the evaluation of Cities-In-Schools. In A. S. Bryk (Ed.), *Stakeholder-based evaluation*. San Francisco: Jossey-Bass.

Stewart, D. (1984). *Secondary research: Information sources and methods*. Beverly Hills, CA: Sage.

Stokes, B. (1977, May). *Filling in the family planning gap*. World-Watch Paper No. 12.

Teune, H. (1978). A logic of comparative policy analysis. In D. E. Ashford (Ed.), *Comparing public policies*. Beverly Hills, CA: Sage.

Thompson, M. S. (1980). *Benefit-cost analysis for program evaluation*. Beverly Hills, CA: Sage.

Thompson, M. S., Rothrock, J. K., Strain, R., Palmer, R. H., (1981). Cost analysis for program evaluation. In R. F. Conner, *Methodological advances in evaluation research*. Beverly Hills, CA: Sage.

Tropman, J. E., & McClure, J. K. (1980). Values dualism and social policy affecting the elderly. *Policy Studies Journal, 9*(4), 604-613.

Van de Val, M., & Bocas, C. (1982). Using social policy research for reducing social problems: An empirical analysis of structure and function. *Journal of Applied Behavioral Science, 18*(1), 49-67.

Wade, L. L. (1972). *The elements of public policy*. Columbus, OH: Charles Merrill.

The Washington Post. (1983a). Stockman, on the mend, reeducates Reagan. February 6.

The Washington Post. (1983b). Parents group matures into strong lobby for school funds. February 14.

Watts, H. (1971, May). *Mid-experiment report on basic labor supply response*. Madison, WI: Institute for Research on Poverty.

Weiss, C. H. (1977). Research for policy's sake: The enlightenment function of social research. *Policy Analysis, 3*, 531-545.

Weiss, C. H. (1978). Improving the linkage between social research and public policy. In L. E. Lynn (Ed.), *Knowledge and policy: The uncertain condition*. Washington, DC: National Academy of Sciences.

Wildavsky, A. (1979). *Speaking truth to power: The art and craft of policy analysis*. Boston: Little, Brown.

Woll, P. (1974). *Public policy*. Cambridge, MA: Winthrop.

Yin, R. (1984). *Case studies*. Beverly Hills, CA: Sage.

# 關於作者

　　安‧梅齊札克數年來一直活躍於政策研究的工作。她屬於合約性質的研究人員，曾爲無數政府部門從事研究工作，如「計劃與評估機構」、「人類發展服務機構」、「全國心智健康機構」、「科技評估機構」、「國馬里因中心」，以及「海軍人事研究與發展中心」等。所從事之研究範圍亦甚爲廣泛，包括國會相關事務、州政府社會服務補助之執行，乃至提供軍隊人事管理問題的政策發展選擇等議題。所發表的文章更是難以遍數，其中美國人口政策基金的「政策研究手冊」尤爲其經典之作。

　　梅齊札克博士爲組織行爲領域之副教授。

# 弘智文化事業出版品一覽表

弘智文化事業有限公司的使命是：

出版優質的教科書與增長智慧的軟性書。

## 心理學系列叢書

1. 《社會心理學》
2. 《金錢心理學》
3. 《教學心理學》
4. 《健康心理學》
5. 《心理學：適應環境的心靈》

## 社會學系列叢書

1. 《社會學：全球觀點》
2. 《教育社會學》

## 社會心理學系列叢書

1. 《社會心理學》
2. 《金錢心理學》

## 教育學程系列叢書

1. 《教學心理學》
2. 《教育社會學》
3. 《教育哲學》
4. 《教育概論》
5. 《教育人類學》

## 心理諮商與心理衛生系列叢書

1. 《生涯諮商：理論與實務》
2. 《追求未來與過去：從來不知道我還有其他的選擇》
3. 《夢想的殿堂：大學生完全手冊》
4. 《健康心理學》
5. 《問題關係解盤：專家不希望你看的書》
6. 《人生的三個框框：如何掙脫它們的束縛》
7. 《自己的創傷自己醫：上班族的職場規劃》
8. 《忙人的親子遊戲》

## 生涯規劃系列叢書

1. 《人生的三個框框：如何掙脫它們的束縛》
2. 《自己的創傷自己醫：上班族的職場規劃》
3. 《享受退休》

## How To 系列叢書

1. 《心靈塑身》
2. 《享受退休》
3. 《愛侶寶鑑》
4. 《擁抱性福》
5. 《協助過動兒》
6. 《經營第二春》
7. 《照護年老的雙親》
8. 《積極人生十撇步》
9. 《在壓力中找力量》
10. 《賭徒的救生圈：不賭其實很容易》
11. 《忙人的親子遊戲》

## 企業管理系列叢書

1. 《生產與作業管理》
2. 《企業管理個案與概論》
3. 《管理概論》
4. 《管理心理學：平衡演出》
5. 《行銷管理：理論與實務》
6. 《財務管理：理論與實務》
7. 《在組織中創造影響力》
8. 《國際企業管理》
9. 《國際財務管理》
10. 《國際企業與社會》
11. 《全面品質管理》
12. 《策略管理》

## 管理決策系列叢書

1. 《確定情況下的決策》
2. 《不確定情況下的決策》
3. 《風險管理》
4. 《決策資料的迴歸與分析》

## 全球化與地球村系列叢書

1. 《全球化：全人類面臨的重要課題》
2. 《文化人類學》
3. 《全球化的社會課題》
4. 《全球化的經濟課題》
5. 《全球化的政治課題》
6. 《全球化的文化課題》

7. 《全球化的環境課題》
8. 《全球化的企業經營與管理課題》

## 應用性社會科學調查研究方法系列叢書

1. 《應用性社會研究的倫理與價值》
2. 《社會研究的後設分析程序》
3. 《量表的發展：理論與應用》
4. 《改進調查問題：設計與評估》
5. 《標準化的調查訪問》
6. 《研究文獻之回顧與整合》
7. 《參與觀察法》
8. 《調查研究方法》
9. 《電話調查方法》
10. 《郵寄問卷調查》
11. 《生產力之衡量》
12. 《抽樣實務》
13. 《民族誌學》
14. 《政策研究方法論》
15. 《焦點團體研究法》
16. 《個案研究法》
17. 《審核與後設評估之聯結》
18. 《醫療保健研究法》
19. 《解釋性互動論》
20. 《事件史分析》

## 瞭解兒童的世界系列叢書

1. 《替兒童作正確的決策》

## 觀光、旅遊、休憩系列叢書

1. 《餐旅服務業與觀光行銷學》

## 資訊管理系列叢書

1. 《電腦網路與網際網路》
2. 《網路廣告》

## 統計學系列叢書

1. 《統計學》

## 衍生性金融商品系列叢書

2. 《期貨》
3. 《選擇權》
4. 《財務風險管理》
5. 《新興金融商品》
6. 《外匯操作》

# 政策研究方法論

原　　　著 / Ann Majchrzak

譯　　　者 / 謝棟梁

校　　　閱 / 王昭正

執 行 編 輯 / 顏麗涵

出 版 者 / 弘智文化事業有限公司

登 記 證 / 局版台業字第 6263 號

地　　　址 / 台北市丹陽街 39 號 1 樓

E-Mail：hurngchi@ms39.hinet.net

電　　　話 /（02）23959178．23671757

傳　　　真 /（02）23959913．23629917

郵政劃撥：19467647　　戶名：馮玉蘭

發 行 人 / 邱一文

總 經 銷 / 旭昇圖書有限公司

地　　　址 / 台北縣中和市中山路 2 段 352 號 2 樓

電　　　話 /（02）22451480

傳　　　真 /（02）22451479

製　　　版 / 信利印製有限公司

版　　　次 / 2000 年 10 月初版一刷

定　　　價 / 200 元

ISBN　957-0453-16-8

國家圖書館出版品預行編目資料

政策研究法論：Ann Majchrzak 著；謝棟梁　譯.

初版. --台北市：弘智文化；

2000〔民 89〕 面： 公分(應用社會科學調查研究方法

系列叢書；14）

參考書目：面；

含索引

譯自：Methods for Policy Research


ISBN　957-0453-16-8　 （平裝）


1.　公共行政 - 政策研究法


572.901　　　　　　　　　　　89015238